増補改訂

暮らしのなかの神さん仏さん

岩井　宏實　著

慶友社

まえがき

世の中の動き、その周期に長短はあるにしても、好況・安泰と不況・深刻な世情が繰り返して訪れるのが、歴史の定めであるかのようにも思わせられる。それが生活者の実感であるし、また、一見安定の時代であるかのように思いつつも、よくよく考えると深刻な状況に見舞われていることもしばしばであることが歴史的現実である。

そうした現実に直面したとき、人はみな心の拠り所として、祈りを捧げて安泰の守護と御利益を得ようという切なる願いを叶えてくれる神や仏を信じる。それは記紀に語られる神々から村や町に祀られる神々、史上名だたる仏・菩薩から、路傍の神仏、時には姿の見えない神仏に祈りを捧げ、また報謝する。

歴史的に見てもそうした状況はしばしば訪れていた。雅《みやび》の時代といわれた平安時代末も、実は一方で末法の時代といわれ、室町時代末も守護大名が戦争を繰り広げた時代であったため、人びとの生活は混沌としていた。また近世になっても、元禄時代は大坂の豪商や富裕町人に支えられた安泰の時代であったが、文化・文政時代には江戸の繁栄という表面的安定の陰で、庶民生活は内部的深刻な状況になっていた。その風潮は大坂にまでおよんだ。

そのため、江戸・大坂においても多くの神仏が祀られ、守護・御利益を賜わることを人びとは切に願った。そうした状況は江戸・大坂において『願懸重寶記』なる書が人びとに迎えられて評判をよんだことを如実にものがたっている。こうした状況は時代を経てまた現代、我われの身辺にも見られるところである。

近代的・科学的生活をしているとしながらも、神や仏とあらゆる機会、あらゆる場において真《しん》摯《し》な心と態度をもって、深くコミュニケーションを保ってきた。その神や仏はきわめて多彩な群像で、その神仏名は数えきれず、近世の『願懸重寶記』にあげられた神仏はおよびもつかないほど多彩である。それは神仏に寄せる人びとの敬虔な心情を伺わせるものである。その神仏名と祈願内容は巻末に「現代願懸重寶記」として掲げた。

近い第二次世界大戦後においても、安定と深刻な世情が幾度か繰り返されたが、そうした状況はまた、昭和三十年下期から三十二年上期にかけての〝神武景気〟、三十三年下期から三十六年下期にかけての〝岩戸景気〟、四十年から四十五年下期にかけての〝いざなぎ景気〟、昭和四十七年の〝日本列島改造〟を経て昭和五十年に入ったころから高度経済成長の歪みがもろに現れ、いわゆる表面的安定・内部的深刻の時代がひしひしと迫った。

そうした社会的状況に鑑み、昭和五十五年に『暮しの中の神さん仏さん』を文化出版局から出版したが、それから足掛十年を機に平成元年に河出書房から文庫本の体裁で刊行した。それから二十余年、今回増補改訂して体裁を改めて慶友社から世に問うことにしたので、大方のお目通しを願うところである。

増補改訂 暮らしのなかの神さん仏さん／目次

増補改訂 暮らしのなかの神さん仏さん

年神さん

日本においては、暦法が採用されるまでは春秋二回の季節感しかもたなかった。中国の史書『魏志倭人伝』は『魏略』の文を引用して、「其俗不レ知二正歳四時一。但記二春耕秋収一、以為二年紀一。」と記している。すなわち紀元三世紀ころの日本人は、春に耕作して秋に収穫することをもって年数を数えていたのであった。いいかえれば、草木みな萌え芽を出す春の始めを、年の始めとしたのであった。

年賀状など新年の挨拶に「謹賀新年」とか「迎春」の詞を述べるのは、こうした古来の意識と生活慣習を伝承しているのであり、めでたいという言葉も、芽が出る＝「芽出度い」からきているのである。かつての正月すなわち年の始めは、今日の立春の時期であったらしい。だからいまもその前日を節分・年越しとしており、その日は大寒の終わりの日にあたるのである。年の始め、すなわち正月に迎える年神は、穀霊たる農耕神であり、同時に祖霊たる祖先神でもある。一年のネンは稔（ネン）であるし、トシも稲（トシ）である。日本人には穀物の生命（イナダマ）と人間の生命（タマ）が渾然一体となって観念されていた。したがって、正月は祖先を祀るときでもあった。その祭が「年神祭」なのである。

昔は晦日から祖先の「霊祭《みたままつり》」が広く行われたたし、今日もその風は各処に遺っている。京都・大阪の古い商家では、最近まで厳粛に行われていた。また、奈良・大阪の農村地帯では、「正月は先祖さんが節季を見に帰ってくれる」というところもある。

年神は「年徳神」あるいは「正月さま」という親しい名で呼ばれ、

正月さん　どこまでござった　きりきり山の下までござった
お土産に何もって　小豆俵に米俵

というような歌が全国におよんでいる。

正月が近づくと年神は高いところから里へ降りてきて、人びとに幸福をもたらしてくれると考えられていたのである。

門　松

暮れの八日の「事始め」に山から迎えてきた松が門松として立てられるが、今日のように表の入口の柱に一対取りつけるのは、新しい都会風である。

かつては入口の前のカドに大きな松を立て、根元に砂を円錐形に盛った。また入口の両脇にこれを二本立てて、その上に注連縄を張り渡す形式もあった。その情景は、中世末以来の洛中洛外図や、近世の風俗画に数多く描かれている。本来日本民家のカドというのは、母屋の前の庭のことで、そこは福の神がやってくる祝祭空間と考えられていた。「カドマツ」という言葉もそうしたところからきた言葉である。

なお、門松を立てないところもある。大阪をはじめその近郊では門松を立てないのが一般的な風習で、家の中で盛大に祀るのを建前とするところもある。そこでは「拝み松」形式の年神の祭壇を設けている。また、松とは限定せずに、楢・椿・楤《たら》・栗・榊・竹などを立てる地方もある。

注連縄

つぎに年神祭の祭場の標示としての注連縄《しめなわ》を綯《な》わねばならない。注連縄は一定の地域を区切るための目印であり、神事のさいには神聖な場所と不浄な外界とを区別するものである。したがって「標縄」とも書く。『万葉集』巻十の二二〇九に「祝部らが斎ふ社の黄葉も標縄越えて散るといふものを」とある。またこの縄は、藁を三筋・五筋・七筋と順次により放して垂らすところから「七五三縄」とも書く。

注連縄は、今日の建築儀礼の地鎮祭に見られるように、もともとは年神祭の祭場とする建物全体を長い縄で巻き巡らせるものであったが、徐々に簡略化されて玄関と祭壇ぐらいにしか張らないようになった。しかし一方で、その形状は多彩になったのである。

もっとも一般的なものに、三ないし四の基本的な形式が認められる。すなわち普通の縄のように細く長いもの、中央を太く両端を細くしたもの、ゴボウジメ（牛蒡締め）などと呼んで一方が太く、徐々に細く綯ったものなどがある。また輪飾りなどと呼び、まるめて用いるものがあるが、これも牛蒡締めのようなもの、中太のもの、同じ太さの縄を輪にしたものなどがある。ふつうは三筋・五筋・七筋の垂れ下げをつけ、その上に裏白など野山草やゆずり葉・柊《ひいらぎ》・橙《だいだい》、あるいは馬尾藻《ほんだわら》などの海藻や海老を添えたりするところもある。また先端に枝葉を残した青竹に、一面に垂れを下げて裏白・ゆずり葉・柊・橙などをつけたもの、京都の「ちょろけん」を模した注連縄など、さまざまである。

ちなみに「ちょろけん」というのは、江戸時代に京都地方で数人一組となって、大きい張抜籠に目鼻を描いたものをかぶり、墨塗りの大笠を戴き、割竹を持ったものが先頭となって、太鼓・編木などで調子をとりながら「ちょろが参りました」などと唱えて町々を歩く門付芸人である。京都市下京区島原の角屋ではこの「ちょろけん」の注連飾りをしている。

蘇民将来

伊勢・志摩地方では、注連縄の中央に「蘇民将来子孫の家」「蘇民将来子孫之御宿」などと書いた木札をとりつけており、注連縄は一年中張っておく。この由来を語っているのが、『備後風土記』に記されている「蘇民将来譚」である。

昔、北海にいた武塔神が南海の女神のもとにヨバイに訪れたところ、道に迷い、将来兄弟の家に宿を乞うたが、弟の巨旦将来は富んでいたのに宿を貸さず、兄の蘇民将来は貧しかったのに快く宿を貸し、粟柄を座として、粟飯で饗した。後年、武塔神は恩返しに「茅の輪」の護符を贈り、腰につけさせた。するとその夜に、蘇民将来一家を残してみな疫病で滅んでしまったというのである。茅の輪は疫病退散の呪具と伝えられ、旧暦六月晦日の茅の輪行事の由来譚ともなっている。

こうした話から伊勢・志摩では蘇民将来の家と表明することによって、悪疫の侵入を防ぎ、一年間家族が無病息災であることを祈念したのである。門柱に「蘇民将来子孫家」の棒護符をつける家もある。

年神の祭壇

年神の祭壇は大きく分けて、拝み松形式と年棚形式の二形式がある。どちらかというと、前者が農村型、後者が都市型ともいえる。

「拝み松」というのは床の間などに米俵を据え、それを台座としてこの上に大きな松を立てたところに由来する。「祝い松」と呼ぶところもある。俵のなかには種籾を入れた。すなわち、秋に収穫して翌年春に耕し、ふたたび穀物を実らせるためには、種籾を大切に継承することが重要であり、種籾にこそ穀霊が宿っていると考えたのである。穀霊の継承が家の永続に通じるのである。

俵ではなく、斗枡・年桶・臼などを台座とするところもある。

年　棚

年棚は「年徳棚」「恵方棚」などの呼び名がある特別の棚で、ふつうは居間・台所の天井に吊るされている。長方形の二枚の板で床と天井になっていて、上板すなわち天井の中央に一本の棒がついている。それが梁に取りつけられて、棚が回転できるようになっている。年神はその年の恵方からやってくると信じられたから、恵方をむいて迎え拝むように、毎年回転させて祀るのである。恵方棚の呼び名は、これに由来する。

この棚に鏡餅を置き、洗米・鱓《うつぼ》（ごまめ・田作り）・神酒・蜜柑・柿・昆布などを供え、灯明をあげる。なかには棚の四本柱に松枝を結びつけるところもある。長野県あたりでは、一枚の板の両端に松を立て、中央に小さい年桶を置き、それに鏡餅を供える方式のところもある。

霊　祭

年神は祖霊でもあるので、「霊祭《みたままつり》」といって、先祖の位牌を年棚に一緒に祀るところが、いまも京都や伊勢には見られる。

大神さん

大和の三輪山を神体山とする大神《おおみわ》神社は、今日も本殿を有しないで、三輪鳥居の内側を禁足地とする神社の原初的形態を保っている。記紀によれば祭神を大己貴命《おおなむち》の幸魂《さきみたま》奇魂《くしみたま》であり、少彦名命が常世郷《とこよのくに》に渡ったあと、海原を照らして出現し、国造りを完成させて、大和の青垣の東に秀麗な山容をもつ三諸山に祀られた。

ところで、少彦名命は大己貴命とともに、薬祖神とされるとともに、酒の神としても信仰された。少彦名命は粟茎にはじかれて常世に行くといい、また蛙や案山子がこれの見顕わしに関係している話など、みな農耕とのかかわりをものがたり、一種の穀霊であった。そこからの帰結として穀物を醸してつくる酒の神とされたのであろう。そのため、大己貴命・少彦名命を祭神とする大和の大神神社は、酒造家や酒造職人たる杜氏の信仰をあつめたのである。

大神神社の摂社にはまた活日《いくひ》神社（一夜酒《ひとよざけ》神社）が祀られていて、高橋活日命を祭神とし、杜氏の祖神として崇められた。この活日命というのは『日本書紀』によると、崇神天皇の八年夏四月庚子朔乙卯に、大神神社の掌酒（さかびと）に任ぜられ、十二月丙申朔乙卯、大神神社の勅祭に神酒を調進した神で、そのとき「この御酒は吾が御酒ならず倭なす大物主の醸みし酒、活日佐、

図１　酒林（杉玉）＝造酒標識（大神神社）

活日佐」と詠んだという。社記によると、それ以来四月と十二月の卯の日の大神祭には、八十《やそ》平瓮《ひらみか》をもって祭をし、酒を供えることが祭の本義となった。

近世以来、造酒家の軒先に杉の葉を集めて鞠のようにした杉玉が吊るされたが、大神神社の酒まつりの日に、拝殿の軒先に新しいものが吊るされ、それを授けられたものである。これをサカバヤシ（酒林）あるいはシルシノスギ（験の杉）という。大己貴命・少彦名命の酒の神としての信仰にもとづき、その神体山たる三輪山が杉を神木とすること、酒樽がもっぱら杉を用い、酒の香りをよくするために、杉の木の根を削ったものを酒のなかに入れたり、杉の葉を酒に浸すことがあり、酒と杉が大きくかかわりあったことから、シルシノスギを生んだのであった。これが酒の神の神霊の象徴と信じられ、また酒造家の標識すなわち看板とも意識されたのであった。

近世、杜氏の活躍はめざましく、丹波杜氏・能登杜氏・越前杜氏・越後杜氏・南部杜氏をはじめ、各地で酒造職人が輩出、酒造に従事したが、やはり大己貴神、多くは少彦名神を崇拝した。

八幡さん

今日、神社本庁に所属する八万有余の全国の神社のうち、その約三分の一が八幡神を祭神とする神社で、人びとのあいだでもっとも広く信仰を集め、親しまれている。この八幡神にたいする信仰は、大分県宇佐市に鎮座する宇佐神宮（八幡宮）から全国に広まったが、それまでの発生・発達については諸説さまざまである。そのなかでも渡来氏族と信仰が宇佐地方に入り、宇佐の土着神の信仰を融合したという説がもっとも有力である。初めから「八幡」という神名はなく、八流の幡（旗）を押し立てて渡来してきたところからその神名が生まれたという。京都の石清水八幡宮の鎮座する地名がヤハタ（八幡）であるのもそのことをものがたっているようであるし、石清水八幡宮蔵の重要文化財『八幡宮縁起絵巻』（室町時代）には八幡神の象徴として八流の幡が立てられているのも興味深い。

この八幡神の受容と展開に大きな役割を果たしたのが、韓国からの渡来氏族で宇佐の地に土着した辛嶋《からしま》氏と、大和国三輪に朝廷の守護神として大物主神を奉斎する三輪氏（大神氏）の庶流で、大和から派遣された大神氏であることも興味深い。この両氏族の力を背景に、八幡神は鷹居社・小山田社を経て、神亀二年（七二五）に小倉山に奉斎されるが、その間の養老四年（七二〇）に九州南部に起こった隼人の叛乱を討伐した朝廷が、その罪障消滅のため、放生会《ほうじょうえ》を八幡宮に行わしめた。ここから九州の一地方神から、伊勢・天神・住吉などの大社と並んで、『続日本紀』などの正史にその名を表すことになった。

そして、天平十七年（七四五）聖武天皇が東大寺に大仏造立を立願《りゅうがん》したところ、当時の八幡司祭者大神氏が進んで朝廷に近づき、八幡神の託宣により大仏鋳造にともなうかずかずの問題を解決した。これによって八幡神は、「鎮護国家」の神として位置づけられた。そこから東大寺に手向山八幡、薬師寺に休ヶ岡八幡、大安寺に大安寺八幡が勧請され、さらに大安寺の僧行教によって、山城国男山に石清水八幡が勧請された。ここに神仏習合の実があがり、最澄や空海も八幡信仰に近づき、さかんに寺院の鎮守として勧請した。そうしたなかで宇佐では神功皇后を配祀したのであった。

その後、源氏が八幡神を氏神とし、関東・東北にまで八幡信仰が伝播し、鎌倉幕府が開かれると鶴岡八幡宮が武士たちに崇敬され、八幡大菩薩への信仰が全国に広まり、八幡神が武神としての色彩を濃厚にもつようになった。それとともに庶民のあいだにも八幡神の信仰が広まり、氏神や鎮守神として町場や村落にも祀られ、深く信仰され親しまれるようになった。

そして民間では、八幡神の各地への勧請のさい、その先導をしたのが鳩であったというところから、鳩を八幡神の神使とすることが普遍化し、各地の八幡神には鳩の造り物が併祀された。それとともに鳩の絵馬が多く奉納された。鳩は豆を拾って食べるところから、手足に肉刺《まめ》ができたとき、鳩に食べてもらって早く治るようにといって、絵馬をあげる風が各地にある。また子供が癇虫のときも、この絵馬をあげて祈願するという。ことに京都左京八瀬の三宅八幡は、子供の癇とくに疳の病と腫物に霊験があるといい、お礼参りに鳩の絵馬を奉納する。京都左京の宝樹寺境内に祀られる八幡大菩薩には、八幡の八の字を墨書すると鳩が向かい合った恰好に似ているところから、二羽の鳩が向かい合った図柄の絵馬を奉納する。なお、鳩はいたって夫婦仲のよいもので、人間よりも一夫一婦は厳格だといわれるところから、向かい鳩・婦随鳩・夫婦鳩の絵馬が各地の八幡さまに上げられる。

図2　鳩（京都・三宅八幡社）絵馬

お伊勢さん

今日、「お伊勢さん」と老若男女貴賤を問わず親しまれている伊勢神宮は、天照大神を祭神とし、元来「国家至貴の神」として皇室以外の奉幣を禁ずるなど、制度上重い地位にあったが、平安時代末期以降しだいにその信仰を広めてまず武士団に、そして鎌倉時代になると東大寺の重源をはじめ各宗有力僧侶の参宮が相次いだ。室町時代になると民衆のあいだに「天照大神は一切衆生の父母」という信仰が形成され、加えて外宮の祭神である豊受大神が食物神であることから、農業神としての信仰を集め、一般民衆のあいだにも参宮の風が広まった。そして畿内を中心に伊勢講・神明講が結成され、講中の籤引きにより毎年二～三人の代参者を決めて参宮させるのがふつうであった。この代参者が出発するときは、講中が天照皇太神の掛軸を床の間にかけた講宿に集まり、デタチ（出立ち）の祝宴を張る。代参者の帰着にさいしては村境に出迎えてサカムカエ（坂迎え）の宴を張るのが習わしとなった。この風が近年まで続いたところも随所にあった。また「お伊勢参りは抜け参り」といって、若い衆が何人か揃って親に内緒で急に伊勢参りをする風も広まった。

ところで、中世末ごろから近世初頭にかけて小唄踊が京を中心に流行《はや》った。小唄は男女の情を主題とするが、一連の歌のなかのおもだった歌詞の謳い出しに、「あの君は伊勢の浜育ち」あるいは「お伊勢踊をおどりおどりて慰み見れば」などの句を謳い込んだりして踊り、これを「伊勢踊」と称した。この踊は華麗な風流《ふりゅう》踊で大いに流行したのであった。伊勢踊とともに「伊勢音頭」も広まった。二十年ごとの伊勢神宮の遷宮のときに、材木を引きながら唄う「木遣唄」が三味線唄化し、「ヤートコセ」の囃子詞はその掛け声の名残で、近世以降の伊勢参りの旅人らによって全国に伝えられて、各地に定着して祝唄になって祝い事にはかならずといってもよいほど唄われるようにもなった。

こうして中世以降の伊勢信仰の広がりを背景に、庶民の伊勢参詣が一般化するなかで、とくに江戸時代を通じ数次にわたって、「お蔭参り」と称する多くの庶民の伊勢群参があった。それは江戸時代を通じて十五回におよぶが、なかでも大規模であったのが慶安三年（一六五〇）、宝永二年（一七〇五）、明和八年（一七七一）、文政十三年（一八三〇）の群参であった。慶安三年の群参は関東が中心であったが、三月中旬から五月まで箱根関所を通って伊勢に向った民衆は、一日二五〇〇人から二六〇〇人に及んだ。宝永二年の時には四月九日から五月二十九日までの参宮人は三六二万人であった。この群参まではまだ「抜参り」と呼ばれることが多かったが、伊勢の御神徳の意識が強まり、そのお蔭をいただくということから、以降の群参は「お蔭参り」と呼ばれるようになった。明和八年四月八日から八月九日までに宮川の渡しを渡った人員は二〇七万七四五〇人、文政十三年のお蔭参りは各地に急速に伝播し、閏三月から六月二十日までに宮川の渡しを渡った人員は四二七万六五〇〇人であったと、書誌には記されている。なお、このときのお蔭参りは三月に阿波から起こったことも注目されるし、この年にはお蔭参りに続いて大和・河内をはじめ畿内一円に、村ごとに衣装をととのえ振りを付けて踊る「お蔭踊」が起こり、それは村か

図3　伊勢参宮　宮川の渡し

ら村へ掛踊の形式で伝播したのであった。

さらに、慶応三年（一八六七）八月から翌年四月ごろにかけて、伊勢神宮の御神符が天から降ってくるという奇瑞があったことを契機に、畿内・東海地方を中心に中国・四国におよぶ三〇ヶ国で狂乱的な民衆運動が起こった。その民衆の躍る囃子詞に、「今年は世直りええじゃないか」「長州がのぼった、物が安うなる、ええじゃないか」「長州さんの御登り、えじゃないか、長と薩と、えじゃないか」と政治情勢を語る囃子が多かった。なかには猥雑な文句もあったが、それにもかかならず「えじゃないか」の囃子がついた。そのためこの運動を「えじゃないか」「ええじゃないか」と呼ぶ。この運動はまさに伊勢の大神の御神徳によって、幕藩体制からの離脱と新しい世の到来を願う民衆の世直し運動でもあった。このときも大和をはじめ畿内には「お蔭踊」があちこちで行われたのである。

こうした伊勢の大神の神徳のお蔭を願い、一生に一度は「お伊勢参り」をするという意識が広まり、個人あるいは団体での伊勢参宮がさかんになり、参宮道中の町を賑わした。ことに古市は外宮と内宮のあいだの宿として、また色街・花街として親しまれ、江戸時代以来の繁栄を維持した。そして明治二十一年（一八八八）八月に文部省が修学旅行を法制化したことから、尋常小学校において一泊二日の修学旅行が試みられ、東海・近畿地方においては、そのはじめが伊勢神宮への参拝であった。以降、伊勢への修学旅行が定例化した。

なお、江戸時代初期から「大神宮のお祓い」と称して、家ごとに悪魔祓いの獅子舞が回国する風習があり、「伊勢太神楽《だいかぐら》」と呼び今日まで伝承されている。全国各地から伊勢の大神に参詣し神楽を奉納するのが参詣の本義であるが、参詣できない人びとにも在地において神楽を奉納する形式をとるため、逆に伊勢から在地に神楽が出向いてくれるという。そのため「代神楽」とも称される。伊勢太神楽は太夫村（三重県桑名市大夫）を本拠とする講社によって伝承され、西日本各地の檀那場を一年中回檀し、各戸を獅子舞をもって祓いをして回り、広場で獅子舞と放下芸を演じて見せる形式で、それはいまも守り続けられている。

祇園さん

コンコンチキチン　コンチキチン

祇園囃子の鉦の音が、京都の街路に鳴りひびく祇園祭の行事は、七月一日から一ヶ月ものあいだ続く。ことに七月十六日の宵山は祇園祭の風情がもっともつよく味うことができる。数十万の人出で町は雑踏し、紅提灯のつられた鉾町一帯はさながら不夜城となる。

京都の祇園祭も大阪の天神祭も、夏祭は華やかな飾りたてや、にぎやかな踊り、あるいは華麗な行列が仕立てられけんらん豪華である。それには理由があった。夏は昔も今も疫病・害虫・風水害のもっとも起こりやすい季節であり、ことに人口の密集する都市にそれが起こりやすく、また都市の発達と人口の集中がそれをよびよせるのであった。昔の人はそうした災厄の起こるのは怨霊・疫神のなせるわざであると考えた。そこでこの怨霊を慰撫し鎮めるための手段として、華麗な祭礼が催されるようになったのである。

平安京ができて七十年ほどを経て、京で疫病が大流行し、人びとがたいへん苦しんだとき、怨霊の仕業として、怨霊を鎮め退散させる盛大な祭礼を営んだ。それが御霊会《ごりようえ》で、貞観五年（八六三）以来さかんに催されたのであった。この怨霊すなわち御霊というのは、政治上の事件で失脚し、この世に恨みを残して非業の最期をとげた人びとの霊魂で、崇道天皇・伊予親王・藤原吉子・橘逸勢・文室宮田麻呂・藤原広嗣・吉備真備・菅原道真をまずいい、これらを「八所御霊」という。

朝廷が営んだ御霊会

こうした特殊な死にかたをした人物の霊魂に対する畏怖感と信仰は、すでに奈良時代にもあったが、それは政争に直接関与した貴族たちや、宮廷内部だけであった。それがいつの間にか御霊というよび名で、疫病流行の原因とされ、その祟りを防除する祭礼が庶民のあいだから発生し、勢いのおもむくところ、貴族までまきこみ、朝廷の手で御霊会が営まれるまでになったのである。

この御霊信仰の一つの典型として、天神信仰がある。京都北野は平安京大内裏の北にある野という意味で、紫野、平野などとともに京都七野の一つであったが、そこは猛威をもつ天の神、すなわち天神を祀る祭場であった。ちなみに「竜」はタツ、すなわちタチ、カンダチ（神立）で神が降臨し降り立つ意で、竜巻は神が昇天する姿と考えられ、「雷」もカミナリ（神鳴り）で天にある神（天神）の猛威を発揮する姿と考えられた。したがって、夏に雷鳴をともなう夕立は稲にとって旱天の慈雨であり、イナズマ（稲妻）は雷鳴の発する閃光で、その瞬間の威力によって稲の実が孕むと信じられた。この天神・雷神の信仰に、雷を駆使する猛烈な御霊としての菅原道真の信仰が結びつき、「天満大自在天神」の神名で道真の霊が、もとから天神・雷神を祀った北野に祀られた。

祭場の一つ八坂の地

ところで、京都祇園・八坂の地も平安時代を通じて御霊会が営まれた祭場の一つであった。そして祇園社の社伝によると、貞観十一年（八六九）の疫病流行のさい、日本六十六ヶ国の数にちなんで六十六本の鉾をつくって牛頭天王《ごずてんのう》を祀り、これを御霊会発祥の神泉苑に送ったのが祇園御霊会のはじめといい、そのほか諸説あって、祇園社草創は判然としないが、天竺の祇園精舎の守護神である牛頭天王を祀ることはたしかである。この牛頭天王の信仰は、北海の武塔天神が南海の女神のもとに赴く途中日が暮れたので、将来兄弟に宿を乞うた。弟の巨旦将来は富裕であったのに宿を貸さなかったが、兄の蘇民将来は貧困であったが、快く宿を貸し歓待してくれた。武塔天神はその善意を褒め、以来蘇民将来の子孫たるものを疫病から守ると約束した。その神話の、武塔天神と大陸系の類似の神である牛頭天王とが同一視され、牛頭天王が疫病退散神として信じられたのであった。今日も伊勢・志摩地方で、門口に「蘇民将来子孫之家」などと書いて貼る風習のあるのも、この神話によるものである。この牛頭天王はさらに須佐之男命と同一視されて信仰されるにいたった。

伝来の大陸神も影響

こうした牛頭天王の信仰は、奈良時代から平安時代初期にかけて、僧や陰陽師によって一般に広められた形跡があり、かれらの大陸伝来の新知識と、疫病防除の呪法と牛頭天王の威力が一体となって人びとに意識されて信仰がたかまり、はじめはこの新来の大陸神を御霊とともに慰撫しようとしたのであったが、やがて牛頭天王の加護によって悪疫退散、御霊を鎮撫しようとするようになり、新しい形態の御霊会に転化していった。さらに御霊会が祇園八坂の地に祀られた牛頭天王の信仰によって統轄されるようになり、御霊会といえば祇園社を勧請するという形になり、祇園祭が御霊会にとってかわるにいたったのである。

こうしたところから、祇園祭は日本の夏祭のなかでもっとも華麗で、しかも人びとが興奮し沸き立つ祭となったのであるが、その華麗さは多くの山鉾巡行にある。平安時代以来のいわれをもつ長刀鉾を先頭に巡行する鉾と山、これらは御霊の降臨する竿柱であり、かつ神泉苑から引き出して内裏に向った移動神座としての標山がもとになっており、中世における風流の意匠の影響からその装飾が美麗となり、地方の御霊の夏祭から、さらに春秋の氏神祭などにも波及し、山車・屋台などさまざまな形態のものを生んだのである。

お稲荷さん

今日、大なり小なり稲荷神社と称する祠をもたぬ地方はない。そしてその信仰は、庶民の日常生活のなかに、脈々として生きつづけている。ことに、信仰の形態も幅広く、村や町の神社としてだけでなく、同業者による祭祀、あるいは東日本に顕著に見られるように、同族神や屋敷神としても祀られている。なおそれは、古い時代の、古い形での祭祀だけでなく、近代的なビルの屋上や会社の敷地のなかにも祀られ、古俗を無視する社会でさえ、稲荷の信仰は受け入れられている。

この信仰の本源は、いうまでもなく京都伏見の稲荷神社で、各地とも正一位大明神を名乗りその幟を掲げているのは、直接間接に同社の配下となって、勧請の手続きをすませた上でのことであったろう。この社はすでに周知のように、平安初期に史上にあらわれ、東寺と結んで巨大な勢力をつくりあげた。はじめ三峯（お山）と神杉（験の杉）の信仰とがいちじるしかったが、やがて付近の田中神社を包摂して、御食津神《みけつ》として、食物儀礼の中心となってから、その信仰がいっそう民間に広まった。

また、真言密教や道教の影響のもとに、狐霊によって憑依《ひょうい》託宣が行われ、ことに近世にいたって、こうした呪術的な稲荷信仰が浸透すると、除災招福の神として、都会でももてはやされた。さらに田沼意次の出世が、その居宅内の稲荷の祠の霊験と伝えられ、武家がそれにならって、屋敷神として小祠を設け、町家・商人もまたこれを勧請するものが多くなった。江戸末期の翁稲荷・太郎稲荷・三囲《みめぐり》稲荷・妻恋稲荷・瘡守《かさもり》稲荷・真崎稲荷などは、一代の流行神とさえなった。そして、

町内に伊勢屋稲荷に犬の糞

という川柳まで生まれ、伊勢屋という屋台の店や、犬の糞と同じくらいにたくさん稲荷の祠が祀られたという。こうして村・町をとわず稲荷の信仰が広まったのは、民間信仰と習合したからであった。また習合する根底には、深い基礎的事情があったのである。

田の神と狐

早く稲作の発達した日本では、農耕儀礼はきわめて濃厚に行われた。農民のあいだでは、春の耕作のはじめに田の神を里・野に迎え、秋の収穫が終わるとこの神は山に帰っていく、すなわち、山の神が春降って田の神となり、秋には山にもどって山の神になるという信仰をもっていた。

田の神は食物神として、ウケ(ウカ)の神・ミケツの神の名でも伝えられている。古典に田中神社、田上神社、田辺神社などの名がでてくるのは、田の神祭の儀礼の行われたところが固定して、祠となったものである。京都の稲荷が包摂した田中神社というのも実はこの神で、田の神で

あった。したがって稲荷信仰は、田の神の信仰を基礎に他の信仰を習合して生まれたものであった。イナリの語源についても、イネナリの訳とするもの、イナニの転訛とするものなどといわれるゆえんである。

ところで、狐が稲荷の神使とされることについては古来、「御食津神《みけつ》」に「三狐神」をあてたという説がもっぱらであるが、根本的には狐を田の神の先触れと見たからであったろう。もともと狐は、鹿などとともに人里近くにあらわれ、かつては人びとに親しまれた獣であった。

狐が山から降りてきて、稲田の近くの食べ物をあさり、子狐を養おうとしたのは、ちょうど稲の実った時期から冬にかけてであった。その姿を見たり声を聞いたものは、なにかしら神霊観をおぼえ、山にいる神霊の先駆と見たのであろう。狐をミサキ、オサキと呼ぶのは全国的であるが、ミサキ、オサキは先鋒を意味したのであった。尊い神々はめったに姿を見せるものではなく、神霊をうかがうためには、このミサキを通してでないとできないと考えられた。そこから狐が本源の神霊とともに祀られる必要が生まれた。全国に存在する狐塚の伝承がそうした推測を可能ならしめている。

狐　塚

狐塚は京都の鳥羽から少し東にあるものがもっともよく知られ、中世の記録にも名が残っている。狐がいないといわれる佐渡島と四国を除いて、北は秋田県から南は九州の端まである。もち

ろん狐塚として厳然と残っているもの、長いあいだに狐がなくなって、地名だけになっていると
ころもある。

しかし、現実に奈良県大和郡山市昭和町の狐山古墳、和歌山県の岩橋千塚の狐塚をはじめ、発掘して古墳遺物のでた例もある。会津地方では狐を稲荷に祀るため、近世に新たに狐塚を築いたという故事さえある。稲荷の社がそうであるように、祭場に常設の建物を設けないところでは、土を小高く盛ってそれにかえたのであった。なお、大阪府の瓢箪山の稲荷では、石室のなかにいまも狐を飼っている。今日、各地に多い稲荷の祠のなかには、こうした事情から成立したものも少なくない。

また、福島県会津若松市神指町西柳原の狐塚は、吉凶を示して里人を益した助次郎狐を埋めたといい、狐塚を祀る場所も、千葉県館山市館山・安房郡鋸南町勝山・いすみ市の金光寺にある。このほか怪猫を退治した狐の塚は、石川県小松市にあり、また怪火が燃えると伝えられる狐塚も、奈良市の東山中にある。これらはそれぞれ異なった伝承を持っているが、いずれも狐を祀り、田の神の祭場としたことには間違いない。

狐と託宣

人間にある種の霊力がとり憑くという思想は、洋の東西を問わず、古くからあるが、稲荷の先走りである狐もまた神霊の託宣のために、人にとり憑くものと信じられていた。イナリオロシと

かイナリサゲともいい、稲荷神を招きよせる風があるが、大和では憑かれる人をダイサンと呼び、何か願いごとがあって、直接に稲荷さんに頼みたいとか、託宣を聞きたいときもダイサンに頼む。ダイサンが三方に盛った米に御幣を立てて拝むと、その人に神霊が降りてきて託宣してくれる。そのとき、ダイサンはあたかも狐のような形相になり、家人とともに語り、食べるという。

九州福岡では稲荷さんが憑いて人の禍福を予言し、病気を治すことをトリイダシといい、これは野狐使いといい、医者の見放した病人もトリイダシを祈って治した話がある。

また、秋田県鹿角市花輪地区あたりでは、、狐が「ジャゲジャゲ」と鳴くときは、なにごともないが、「コンコン」鳴くときには奇妙に火事があると恐れる。群馬県などでは、村によろこびごとがあるときには「コンコン」、凶事のあるときには「キャンキャン」鳴くという。鳥取県八頭郡八東町では、狐が鳴いて村の下から上へ行くときには、お産があり、逆に下るときには死人があるという。こうして狐は人びとに吉凶を知らせてくれるという。すなわち、神霊の託宣があったのである。

岡山市北区表町では、狐鳴きが悪いときにはただちに神社総代が神社に集まって、凶事退散のお祭をしたという。神奈川県川崎市周辺では、村の恒例行事としてトウガミと称する稲荷寄せをするが、かかる霊力たくましい狐を招き寄せたり、その託宣を聞くことを村の年中行事としているところも少なくない。

明治のころ、島根県平田市で、狐鳴きが悪かったので、それを寄せてその託宣を聞くことになったとき、乗童《のりわら》になることを希望するものが多すぎて、非常に困ったという実話さえあり、人と狐が親しくしていた時代には、狐が人にのりうつることは、神霊ののりうつることであり、託宣をうけることとして迎えられる傾向さえあった。寒施行《かんせぎよう》とか狐狩りの行事も、本来はこの聖なる狐を呼び出し、その託宣を聞くのが目的であったようである。

寒施行と狐狩り

近畿地方から中国筋にかけては、寒中に食べ物を与えて廻る「寒施行」の風習が広くある。「師走狐はたたいても鳴かせ」「師走狐はつかまえても鳴かせ」といい、南紀では師走の寒施行はかならず行ったし、大和でも大寒に入ると、米や銭を集め、それで赤飯を作り、油揚げを買い、それを持って狐のいそうなところへ置いて歩く。大阪府三嶋郡あたりでは、妙見信仰の本場であるからか、妙見講の人びとがお題目を唱え、太鼓をたたきながら供えて歩き、枚方市あたりでは寒施行のとき、供える飯を炊いた家に不浄があると狐が食べずに残すといわれ、兵庫県加東市、三木市ではカンブレマイといい、ところによりキツネセギョウ、ノマキともいって行われる。

中部地方の一部や丹波から摂津の北部にかけて、小正月に「狐狩り」を行う風習がある。七歳から十二歳ぐらいまでの男の子が、藁で作った狐を青竹の上につけ、それを先頭に太鼓をたたきながら村中の各家を廻る。家の前で、子どもたちは手に持った御幣を振りながら太鼓の音に合わせて、われは何をするぞいや、狐狩りをするぞいや、狐のすしを幾桶つけて、七桶ながら、えんえんばっさりこ、貧乏狐追い出せ、福狐追い込め

と歌う。年頭にあたって農作物に関する災厄を追い払い、一年の農作を祈念する鳥追いや、猪追いと同系列の予祝行事とされているが、狐狩りの場合、「福狐追い込め」と、福をもたらす狐を招きいれようとしているのは、狐を単によからぬ獣だとみなすようになってからも、なお福狐を想定し、それを聖なる動物とした名残であり、そしてそれを迎え入れ、託宣を聞こうとしたものであった。

狐と鍛冶

稲荷は鍛冶屋の神としても信仰された。畿内一帯から北陸、さらに東北の南部、四国の東部、江戸は濃厚であった。とくに江戸では十一月八日、刀工・鍛冶屋など鞴《ふいご》を用いる職のものが稲荷神を祀り、鞴に神酒《みき》や餅を供え、夕方から門口で餅や蜜柑や銭を撒いて、近所の子どもたちに振舞ったという。有名な紀文の蜜柑船も、実はこの江戸の鞴祭を当て込んだとも言われる。なにしろ、「町内に伊勢屋稲荷に犬の糞」と川柳にあるほど、江戸の町に稲荷はたくさん祀られていたのである。

元来、火の神ではなく、穀霊であり農の神であった稲荷が、鍛冶屋の信仰を集めたのは、かの謡曲「小鍛冶」の説話によるものであったという。昔、一乗院が不思議のお告げによって、三条

小鍛冶宗近に剣を打つよう勅命を下した。しかし宗近は適当な相槌のものがいなくて困惑し、稲荷明神に参詣し祈願すると、童子があらわれて和漢名剣の故事・威徳を説き、力添えすることを告げて山に隠れた。宗近が注連縄を張った壇にのぼり、祝詞《のりと》を奏して祈ると、稲荷明神があらわれて相槌を打って助け、打ち上げた剣の表に小鍛冶宗近、裏に小狐の銘を入れて稲荷山に帰ったという。また、後鳥羽上皇が刀を鍛えたとき、稲荷山の土をとって用いたという説話も、鍛冶屋のあいだで語り伝えられ、信仰のもととなったようである。

しかし、こうした説話の生れる以前に、すでに鍛冶屋のあいだには稲荷の信仰があったのであろう。稲の神としての稲荷が、食べ物の神、調理の神などに転ずる過程において、火の神としての一面を持つ時代があったからであろう。

狐女房

人の暮らしと狐のかかわりは久しくかつ深いが、そのため狐と人間が結婚するという昔話もある。いわゆる「狐女房」の話である。妻が病気で里に帰り、困っていた男が、ある日魚釣りにいくと白狐が流れてきた。それを助けて家に連れ帰ると、狐はかならずご恩返しをしますといって去った。あるとき女がやってきて女中に使ってくれという。いつのほどからかこの女と交わり、ついに子供が生まれる。あるとき子供が、母が尻尾で庭を掃いていると教える。驚いて女を追い出そうとするところへ、もとの妻が帰ってくる。狐の女は、

恋しくば尋ね来てみよ和泉なる信太の森のうらみ葛の葉

と書きおいて山へ帰る。そのあと男の家の稲がよく実るようになったという。また子供がのちに鳥の言葉のわかる聴耳という宝物を得るという話である。

この話は「葛の葉」「信太妻」とも称され、また早くから浄瑠璃の世界にとり入れられ、延宝六年（一六七八）刊の山本角太夫の正本『信太妻』をもととし、陰陽師安倍晴明の出生に関連して説かれ、いろいろに改作・脚色されて演じられ、人びとに親しまれた。こうしたたぐいの話は、すでに『日本霊異記』にも「狐を妻として子を生ましむる縁」として見えるし、『今昔物語』にも同種の話が記されている。

その一つの話は、昔、欽明天皇の御世に美濃国大野郡の男が曠野で美女と会い、女を妻として子をなした。その女は実は狐であって、ある日、飼い犬にその正体を見やぶられたが、男は女に、

汝と吾との中に子もあるゆえに、吾は汝を忘れじ、常に来たりて相寝よ

といい、女もその言葉に従ったという。この二人のなかに生れた子は狐の直といい、力が強く、走ることも速く鳥の飛ぶがごとくで、超人的な能力をもったという。この子こそ美濃国の狐の直という氏族の祖であるとする、強力氏族の由来譚である。つまり異類婚姻譚の一つであるが、その主人公に狐が登場することは、狐に対する人間の親しみと、かかわりの深さを偲ぶことができる。

稲荷の絵馬

稲荷の信仰がいろいろの形で広汎に広まると、町でも稲荷祭は盛大に行われた。『東都歳時記』に、

二月初午、江戸中稲荷祭、前日より賑へり、初午の以前、絵馬太鼓商人街多し……

とあるように、初午の前になると、正月の下旬から絵馬屋が荷をかついで市中に売り歩いたし、太鼓屋もたくさん町にあらわれた。この絵馬屋から絵馬を買って、人びとはみな稲荷祭に社や祠に奉納したのである。貧しい家の子供たちも五、六人連れだって絵馬を持って市中を歩き、店屋の戸口に立って「稲荷さんの御勧化御十二銅おあげ」と唱え詞をいって勧進に歩き、その銭を絵馬代にして絵馬を奉納したという。

京では主として稲荷山の社に参詣し、大坂では城の馬場（大坂城付近の荒野）に群集して凧揚げをし、老若男女みな弁当や酒を携えて、そこで遊宴したし、この初午稲荷祭の日だけは、東西奉行所や惣年寄屋敷に一般人の入ることを許し、その邸内に祀る稲荷の祠に参詣させたという。また『摂津名所図会』には、美しく粧った男女が絵馬を抱えて笠森稲荷に参詣する場面が描かれており、上方における稲荷詣での情景がよく偲ばれる。

こうして稲荷祭の盛況と絵馬奉納の習俗は、近代になってもいっそう広がりを見せ、明治二十五年（一八九二）六月六日『読売新聞』東京版は、「絵馬の季節」と題して、

近年絵馬額の季節は毎年十一、二月より、四、五月を以つて好期となせども多くは先づ初午

を第一等と仮定しある由なるが、近頃は房総及び群馬・埼玉地方より時々需要者多く現れ、為に目下は季節外れにも拘らず可なり売行あり。特に府下に於ても蠣殻町水天宮に次で越前堀おけい稲荷様は需要者多くして、浅草蔵前の鯉春と云ふが一手に引受製造する由なるが、毎月五日の水天宮のみにて売行く絵馬額は平均凡そ三百枚以上なり

と記しており、絵馬の季節もいつとはなしになくなり、需要の範囲も広くなって、水天宮には及ばないにしても稲荷明神への絵馬奉納の多かったことをものがたっている。

図4　向かい狐（甲府・稲積稲荷社）絵馬

稲荷にあげられる絵馬は、江戸時代末期以来、二匹の白い狐が向かい合ってつくばっている、いわゆる「向かい狐」の図が一般的となり、ほぼ全国的に広まった。この図柄は江戸末に「穴稲荷」のはやったときに大当たりをとったと伝えられる。白狐は穴の中に財宝を守護する荼吉尼天《だきにてん》をあらわし、民間呪術者や巫女たちによる白狐信仰の流布にあずかるところが多かったらしい。たいていは二匹の白狐が向かい合う真ん中に宝珠があり、その宝珠が光を放ち、狐がそれを見守っている図で、なかには片方の狐が

大きな鍵をくわえているものもよく見られる。宝珠は財宝を意味し、鍵は穴倉を開き財宝を得るための幸運の鍵なのである。

この種の絵馬でもっとも素朴で味わいのあるのは、東京地方の稲荷社や甲府の稲積稲荷社に見られる。截切りの小さな板切れで、白地に線描きでふっくらとした愛嬌のある狐が描かれ、深緑と朱で狐の耳や宝珠、地面の草などを手軽く彩った洒落た絵馬である。しかし、同じ構図でも仔細に見ると各社・各地方によっておのおの違いがあり特徴がある。同じ甲府の稲積稲荷でも、新しいのは狐が台にのっていて上に宝珠を紋にした幕を吊るしたもの、中央が宝珠でなく三方にのった重ね餅のものなどがあるし、埼玉県本庄市の笠森稲荷のものは、宝珠が三個積み重なったもの、後光のさした重ね餅のものなどがある。また、南あわじ市福良の稲荷の絵馬は、中央に三方に盛った穀類があり、その上に宝珠が浮かび上がり、背後に鳥居を描いた図であるし、埼玉県東松山市の箭弓稲荷の絵馬は、白狐でなく薄焦げた茶色の狐で、二匹がいかめしい顔をして向かい合うだけで、背後に大きく鳥居を描き、それを強調した図柄である。

狐と鳥居の造形

ところで、稲荷といえば石製や陶製の狐の奉納物があまねく世に広まっている。伏見稲荷の奥まったところの熊鷹台という御塚台のすぐ横には、狐の石造が二基向かい合って立ち、夕闇せまる献灯の明かりだけがゆれ映り、神秘的な雰囲気を漂わせる。またつがる市の高山稲荷では、広漠とした神域に、狐の石像がここかしことずらりと並び、怪しい霊妙な気が満ちる。かような情景はあちこちの稲荷の社に見ることができるし、小さな陶製の狐を一対として祠の前にささげる風は一般的で、それも単に一対だけでなく、つぎからつぎへと奉納され、おびただしい数にのぼることはもはやどこでも見られるさまであり、各家の屋敷内や神棚に祀られる稲荷にも、陶製の狐は欠かせぬものとなっている。

狐を稲荷の神使として信じ、さらに本源の神霊とも意識するようになると、この神に祈願しました報謝するため、狐の像を造り祀るのは当然の成り行きであった。ことに稲荷が町内だけでなく、屋敷内にまで勧請・祭祀されるようになると、狐の造り物が格好のものとして祀られるようになった。ことに江戸末期、江戸の町家・商人のあいだに、屋敷神として稲荷を勧請する風がさかんになると、そこに飾って祀るだけでなく、上方出身の商人たちは故郷の伏見の稲荷社に、商売繁盛の祈願に、また成功したお礼に、こうした狐の造り物を奉納することが繁くなった。それは文化・文政（一八〇四〜三〇）のころからであった。こうした風がのちに広く一般にも広まったのである。

狐の造り物を二基一対として、祠の前に据えることは、古くからあった狛犬の影響もあったろうし、石造のものは別として、陶製のものの普及には、伏見人形をはじめとする各地の土人形、土製玩具の発達もその一翼を担ったようである。数ある伏見人形の造形のなかに、神使としての狐の像も造られ、稲荷社の祭礼の参詣者の土産として多く売られることによって、より広く世間にも知られるにいたった。

稲荷の奉納物の一つに赤鳥居がある。伏見稲荷の本殿から、奥の院に通じるあいだの長く続く千本鳥居は、さながら人びとの心願の道であるかのようで、一基一基みな心をこめて奉納されたものである。今日、鳥居は社頭の森厳さを深め、神霊の鎮座する場所の表示、あるいは神境の表彰となっているが、その語源については「通り入る」ようという『日本紀名』の説をはじめ、鳥をとめる横木を鳥居と読んだのにはじまるなど諸説があり、神社の玉垣などの出入口に立てた簡単な門も、その上の横木を鳥居といったことから、ついにその門全体を鳥居と称するようになったらしい。いずれにしても社の門の象徴となりこれをくぐり通って、はじめて神前にぬかずくことができるのである。

この鳥居が奉納物となった由縁は、鳥居は『日本紀名』にいう説に似て「通る」、神前に向かって「通じる」というところから、願いが通じるようにと、一種の語呂合わせのようなことから発想され、願いが通ったお礼のときに奉納するようになったという。こうした発想は、洒落や通、機知や頓才が遺憾なく発揮され、またそれを重んじた文化・文政ごろの江戸町人のあいだからであった。実際に伏見稲荷に祈願や報謝のさい、鳥居を奉納しはじめたのも、江戸の商人たちであったという。明治になってその風はますますさかんになり、稲荷に欠かせぬ一つの風物となった。そして鳥居奉納の風はひとり稲荷だけでなく、木製や銅製、鉄製の小さな鳥居の雛形が、あちこちの神祠に奉納されるようになった。

天神さん

毎年入学試験の時期になると、学業上達・入試合格に御利益があるといわれる神仏に、本人はもとより、母親や家族のものがどっとお参りし、合格祈願の絵馬がたくさん奉納され、近ごろでは、そうした絵馬をかける特別の場所も設けられている。入試に御利益があるとされる神仏はたくさんあるが、なかでももっとも代表的なのは文殊さんと天神さんである。天神さんでは東京の湯島天神・亀戸天神、京都の北野天満宮、大阪の天満天神、福岡の太宰府天満宮をはじめとして、全国の天神社にその風が見られる。

もともと絵馬をあげる場合、絵馬をあげることによってもう神仏は祈願者の心意を知ってくれるものとし、祈願者の名は記さずに干支あるいは年齢と性別だけを記したものであったが、いまは受験する学校名、それも第三希望までも記し、しまいには「どこでもよろしい」などと書いたり、長い願文、自分の住所、氏名を明らかに墨書している。少しでも早く強烈に、神に自分の願いを知ってもらおうとするかのようで、それだけ必死なのであろう。

こうした天神さんへの信仰は、天神は菅原道真を祀り、菅原道真は学才豊かな人であったというところからきている。しかし、天神ははじめから菅原道真ではなかった。

図５　京都・北野天満宮の入学祈願絵馬

天神は、古くは地上の神たる「国津神」に対する天上の神たる「天津神」と考えられ、天から降臨する神と観念され、平安時代になると『続日本後紀』には、遠江国の小国天神・矢奈比売天神、尾張国の大県天神・真清田天神などの名が見え、『三代実録』では、大麻天神・伊都岐島中子天神・水分天神・天社神社・荒保天神・宗形天神・美和天神・大水上天神・賀茂天神・神谷天神などの名があらわれ、『延喜式』神名帳にも、武蔵国に布多天神・大麻止乃豆乃天神・阿豆佐味天神・穴沢天神・物部天神などがあり、そのほか広隆寺の飛来天神をはじめ、諸国に多くの地域的神格としての天神社があらわれた。

ところが、菅原道真の死後におこった

多くの天災地妖を、世をあげて「菅師霊魂宿念の所為なり」とし、その後、京都七条の女や近江比良の神主の息子に神託があって世間の評判となったり、また日蔵・最珍などの僧にまで道真の霊があらわれたというので、道真の怨霊観念がますます広まり、それが雷神・疫神と習合し、ついに京都北野に道真の霊を祀り、道真の霊を「天満大自在天神」「太政威徳天」などと呼んだ。この北野の地は、もともと天神の祠があり、雷神の祭場でもあり、そこへの鎮座であるから、天神と道真が強固に合体し、御霊信仰と結びついて発展したのであった。そこへ道真生前の個性が、しだいに強く神霊に反映し、京都の文人のあいだに、天神に文学詩歌の神としての信仰がおこり、それが各地に普及していったのである。こうした過程で、京都五条、大阪天満、九州大宰府などに勧請された。

道真の霊が大阪に勧請されたのは天暦二年（九四八）、その地はもと兎我野といわれ、かつての長柄豊碕宮の巽の方角のあたりのために、地神である大将軍が祀られ、大将軍の森と称していたところであった。天神勧請によってこの大将軍の森は天神の森とかわり、天神の森、天神の松原と称されるようになり、もとの大将軍はわずかに地主神として残影をのこすのみとなった。

恵比須さん

恵比須は大黒とならんで「福の神」の代表。鯛を抱いた福々しい相好の神像は、いたってなじみ深いものになっている。恵比須の名は、外人を意味するエビスと別のものではなく、本来は異郷から来臨して人びとに幸福をもたらすと信じられた神である。いわゆる寄神《よりがみ》・客神《まろうどがみ》の信仰に根ざす神である。

ここから漁民がもっとも信仰する神になっている。全国いたるところの漁村に祀られ、船着場や港口の恵比須の祠は、欠くべからざる漁村の風物となっている。

三河湾沿岸は、恵比須がもっとも濃厚に魚神としての面目をそなえている地域の一つ。三重県鳥羽市豊浜の日和山《ひよりやま》には恵比寿さんが立派に祀られ、正月二十日はイサミ（神意を喚起する作法）をあげて豊漁を祈る。家々ではみな恵比須棚を設けて祀っている。伊勢湾沿岸、鳥羽市和泉で、昔は正月元旦に一文銭十二枚をトシダマとして恵比須棚に供え、またコウナゴ漁をしてくると、テショ（手塩皿）に入れて供える。一文銭十二枚は、船霊さまの神体と同じであり、一年十二ヶ月をさしているともいう。

志摩地方は明治末の神社合祀で、村で祀る恵比須の祠はなくなっているが、志摩市大王町波切は、鰹漁に関連してとくに信仰習俗を残し、村で独立の恵比須祠をもっている。大きな石を積み上げた、石室の立派な祠で、祭には幟が立てられる。

鯨を恵比須と呼んで崇敬する風は全国的。サメやイルカをそう呼ぶところもある。魚群を岸近くに追い寄せる大海魚獣が、漁をもたらせてくれると信じたのであった。また漁夫が釣り糸をたれるとき、「エビス」と唱え詞をいう地方もある。いずれも豊漁をもたらす霊としての信仰にもとづくものである。水死体をエビスと呼んで厚くもてなす風が、伊勢湾沿岸南部や佐渡島にある。恵比須が標着神として意識された名残である。

中部地方の農村では、恵比須が田の神として信仰されている。信州南部では、台所に農神として恵比須を祀り、田植えの初苗をあげるし、一月と十月の二十日には恵比須講か恵比須祭をする。ところによっては、これを恵比須神が出かせぎから帰る日とか、恵比須の商いはじめの日という。また山の神を恵比須というところもある。田の神・山の神ともに季節的に往来する神だから、客神としての恵比須の信仰と合致したのであろう。

恵比須はまた市神としても信仰され、都市では福利を招集する神として、商人層に広い地盤をもっている。

こうした恵比須信仰の普及には、その本源と目される摂津西宮の恵比須の神人《じにん》の活躍があった。彼らはエビスカキ（人形舞）といって、傀儡《くぐつ》舞を携えて各地を漂泊し、

西ノ宮の恵比須三郎左衛門尉、生まれ月日はいつぞと問えば、福徳元年正月三日、寅の一時

まだ卯の刻なるやならずに、やっすやっすと
御誕生なあされた……

などと、この神のおいたちを述べ立て門付け芸などをして、恵比寿信仰をもち歩いた。この恵比須舞はまた、日本のあやつり人形・人形芝居の源流となったのである。

西宮神社（兵庫県西宮市社家町）は恵比須神の総本宮で、一月十日に行われる「えびす大祭」は阪神地方屈指の賑わいであるが、ことに深夜零時の開門には、門前に数え切れない大勢の参詣者が群れをなし、開門とともに一斉に神前に駆け込む情景は壮観である。

図６　西宮神社「十日戎」の縁起物・吉兆

西宮の「十日戎」にたいして一月五日の「五日戎」のところも多い。奈良市南市町の恵比須神社の祭礼は一月五日の初市に行われ、大和の数ある恵比須祭のなかでもっとも賑わう。

こうした恵比須祭には、境内では吉兆笹が売られ、参道には鯛・恵比須・大判・小判・宝船・大福帳・算盤《そろばん》・熊手・福俵など縁起物の作り物を売る店が軒を並べる。

大黒さん

古い家の台所や厨房には恵比須と並んで大黒の祀られている情景がよく見られる。また、俵に両足をふまえて、打出の小槌を持った、福々しい顔をした姿を、昔から人びとは実に親しみをもってながめ、また拝んできた。この大黒というのは、もともと摩訶迦羅という荒々しい天界に住む仏で、寺院の台所などに祀られていた。そのため、わが国にその信仰がもたらされると、天台密教では比叡山の守護神と崇められ、各寺院の食堂《じきどう》に祀られ、台所や食堂の神として知られるようになった。そしてまた、出雲の大国主命とも結びついて、しだいに円満福徳の姿をした、福の神として信仰されるようになった。

室町時代の中ごろには、大黒は恵比須と一対の福の神として合わせ祀られ、狂言の「恵比須大黒」にも、摂津西宮の恵比須三郎とともに、比叡山の三面大黒天があらわれて、

三郎殿と我は一所にあるものなれば、共々楽しゅうなしてとらしょうと思い……

などといっている。こうした大黒信仰の民間への広まりは、戎まわしと同じように、大黒舞を演じる旅芸人の活動によった。それには、

一に俵ふまえて、二ににっこと笑うて、三に酒つくりて、四つ世のなかよいように、五つい

つものごとくに、六つ無病息災に、七つ何事もないように、八つ屋敷ひろめて、九つ小倉を
建てならべ、十でとうと納まる御代こそめでたかりけれ

と、めでたい言葉を並べている。ここから俵を踏まえて打出の小槌をもった大黒の姿が固定して広まったのであった。そしてしだいに都市から農村にその信仰が伝播し、東日本で恵比須が田の神とされているように、西日本では大黒が田の神として祀られ、四国・九州では秋の収穫後、親類・縁者が集まって祝宴をはるが、この祝いを「大黒祝い」というなど、その例は多い。

また、大黒は台所の戸棚や柱の上に恵比須と並べて祀られ、ふつう主婦がそれを司祭する。毎朝のお茶とご飯を供えるところがあるし、味噌の神さんだといって、味噌作りの日に神酒や焼酎を供えたり、あるいは女の神さんだといって、機を織るときにオリタテを供えるところもある。家の中心になるいちばん太い柱を大黒柱と呼ぶ風も広くある。大黒柱はふつう土間と床張りとの境にあって、各家では大切にし、よく磨きぬかれている。この大黒柱に相対して、それにつぐ柱が立っている場合があり、これを小黒柱あるいは恵比須柱などと呼ぶ風がある。そして、正月にはこうした大黒柱に松飾りや鏡餅を供えるところもおおい。

ところで、大黒の神使は鼠であると信じられた。ちょうど稲荷の神使として狐が信仰されたようなものである。そこから家鼠は古くから霊獣視され、中国では三百歳の鼠がいて卜占をしたという話もある。だから鼠はしばしば災害を予知する力をもち、火事・地震などが近くおこるというときには、鼠たちがその家から姿を隠してしまうものとされた。また、急に家鼠が姿を消して

しまうと、家が衰微してしまうと、忌み嫌う風もある。

この鼠の信仰をものがたる話として、奈良県吉野郡下市町の長者鼠十郎の話がある。この男がたいへん裕福なのは、昔、伝教大師最澄の刻んだという三面大黒天が祀られていたからで、またその眷属の鼠にちなんで自らの名も鼠を用いるほど大黒を信仰したので、その庇護によるものだという。

なお、かつて全国的に分布した昔話に「鼠浄土」がある。爺が山で昼飯を食べていたとき、転げ落ちた握り飯を追って穴の中に入る。そして鼠の家に案内されて握り飯の礼に歓待される。鼠たちは「猫さへおらにゃ鼠の世盛り」と踊る。爺は土産をもらって帰る。隣の爺がまねをして穴に入る。猫の声を出すと穴が崩れて埋まるというのである。

庚申さん

「庚申」の年は、十干と十二支を組み合わせる暦法の、十干の庚《かのえ》と十二支の申《さる》の合わさる年で、六十年ごと、すなわち六十一年目に回ってくる。人の一生で還暦を祝うのも同じである。この組み合わせはまた、六十日ごとにも回ってくる。干支のなかでもことに庚申は、中国の道教の思想にもとづいて、特殊な禁忌を要求する信仰がある。

それは、人の体のなかに潜む三尸《さんし》という三匹の虫が、庚申の日ごとに、人の睡眠中をうかがって天にのぼり、その人の罪を宇宙の主宰神である天帝に告げるので、その夜は眠らずに慎むというのである。これを「守り庚申」といい、すでに平安貴族のあいだで行われていたが、室町時代から民間にも「庚申講」という信仰集団ができ、「庚神待ち」といって庚申を礼拝し、夜を徹して語り明かす風が広まり、庚申の年には庚申供養塔を建てることも行われる。

その礼拝の対象は、一般に「庚申さん」と呼ばれているが、特定の神仏に固定していたわけではなく、はじめは庚申の申から猿の信仰と結びつき、猿を神使とする山王二十一社権現とし、阿弥陀三尊や帝釈天《たいしゃくてん》としたこともあった。江戸時代には青面《しょうめん》金剛の姿が「庚申さん」として観念され、青面金剛を本尊とする庚申堂が有名となり、庚神待ちに青面金剛の画像をかけて礼拝する風が広まった。青面金剛というのは、病魔・悪魔を祓う大威力をもつ、顔の色の青い金剛童子とされている。

さらに猿の信仰の連想から猿田彦神ともされ、猿田彦神が天孫降臨の先導をしたという説話から、道祖神の信仰とも結びついた。そのため庚申さんは道祖神とも意識され、青面金剛像を刻んだ庚申塔や「庚申」と刻んだ庚申塔などが村の入口に建てられ、悪霊の村への侵入を防いでもらおうとした。こうした庚申塔はいまも各地に見られ、さまざまの行事が行われた。

奈良県吉野郡十津川村の山天という集落では、初庚申すなわちその年のはじめての庚申の日に、村中寄って注連縄を作り、村の入口にある庚申木に張り渡す。この注連縄は「ココはトオサン（通さない）」という意味で、九本・十本・三本のサガリをつけ、それに加えて「シバリ出すぞ、ハキ出すぞ、ツカミ出すぞ」と、藁で作った輪・箒・鍋つかみを吊るした。同じ奈良県橿原市今井町では、親指ぐらいの太さで十五センチほどの竹の、上のほうの枝を少し残し、先を鋭く削ったものに縄を四ヶ所巻いて角結びにしたものをたくさん作り、夜中にそれを屋敷の四方に打ちつける。また、約七センチ大の紙に「申・初庚申」と書いて、家の周りの窓に内側から一枚ずつ貼り付ける家があった。これは塞の神（道祖神）としての庚申さんが、家の境を守ってくれる神としても信仰された一例である。

庚申さんはまた生業の神としても信仰された。江戸時代大坂では、庚申の日は堂島は休日、色里は紋日（祭日）で人びとはみな四天王寺の庚申堂に参った。門前では七色の菓子や、「庚申昆

図７　三猿の絵馬

布」の昆布店が多くでたという。農村では農作の神として信仰され、大和郡山市小泉町の庚申堂には大和一円はもちろんのこと、河内・山城からもたくさん参り、門前には各種農具や種物・植木の店が軒を連ね、農具は初庚申に参って買うものだといわれた。

このほかさまざまの願いごとをかなえてくれるといい、願掛けにはすでに奉納された縫いぐるみの猿を一つもらって帰り、満願のお礼には新しい縫いぐるみ猿を七つこしらえて奉納する風があり、慎み深い生活態度をあらわした「見ザル、言ワザル、聞カザル」の三猿を描いた絵馬を奉納する風もある。

しかし、庚申の信仰としてもっとも顕著なのは、夜を徹して明かすことで、それにもとづいて、この夜の男女同衾はいけないとか、この日の婚姻を禁じるなら わしがあり、この夜に懐妊した子供は盗人になるといって戒めている。石川五右衛門は庚申の夜に身ごもった子であるというような俗説が付会している向きもあるが、要するにこの夜は寝ずにおこもりをして神を祀るということである。

いまではもう寝ずに過ごすという風はなくなったが、それでも随所で庚申講中が寄って庚神待ちを営んでいる。宿で庚申さんの画像をかけて礼拝し、飲食をともにして「話は庚申の夜に」といって四方山話《よもやまばなし》をして過ごしている。農家のものは農作を語り、生活共同体の一つの社交の場の役割も果たしている。ふだんの年は一年に六回営むことになるが、閏年には閏月に一回よけいに営む風もある。昔の太陰暦では閏年は一年が十三ヶ月になったからである。このときはとくにていねいに庚申供養をしたが、その風が太陽暦になったいまも伝えられているところがある。

なお、古風では一日のはじめを日没においたので、平成二十三年の場合、一月五日が初庚申であるから、一月四日の日没から五日の日没までが庚申の当日で、四日の日没から五日の日の出までが庚申の夜にあたり、この間寝ずにおこもりするのであった。

竈神さん

竈は家の象徴とされ、結婚して新しい家庭をもつことを「竈をもつ」、家を栄えさせることを「竈を起こす」、家を滅ぼすことを「竈を破る」「竈を引っくり返す」、分家することを「竈を分ける」という。

こうした竈には、オカマサマ・釜神サマ・荒神サマ・普賢サマ・土公神・火の神などさまざまな呼称をもつ竈神が祀られる。一般には竈の近くに神棚を設けて、そこに神々の神札や御幣を納めて祀るが、東北の陸前地方では家を新築したときに、木製や土製の大きな竈神の面を大工や左官に作ってもらって竈の近くに祀り、近畿地方では五つ釜・七つ釜など大竈のうち、ふだん使わない大竈の上に荒神松を供えて三宝荒神を祀り、沖縄などでは原始的な竈を象徴する三つ石を海から拾ってきて竈の背後に据えて竈神の神体とする。

この竈神は単に火の神・火伏せの神というだけでなく、家族や牛馬の守護神、富や生命を司る神、農耕の神など生活全般の神として信仰されてきた。結婚のさい嫁が婚家に入るとまず竈の周りを回って竈神を拝んで穢れを祓って座敷に通る。すなわち婚家の竈神の保護のもとに入家するのである。また、子供や牛馬が生まれたときも、竈神に参って家族の成員としての承認を受ける。

旅や外出のさいも竈神に参れば無事であるといい、子供が池に泳ぎにいくときも、竈の墨を顔に塗っていけば河童に尻小玉を抜かれないという。さらに家長や主婦が死亡したときには、竈の火を変えねばならないというところもある。

鹿児島県薩摩川内市の甑《こしき》島では、小正月に地主の竈の前で予祝の言葉が唱えられたり、各地で節分に竈の前で大豆を焼き、その焼け具合で一年の天候を占う年占が行われる風もあった。また竈神は農作の神としても信仰されており、田植えが終わったとき、すなわちサナブリには、早苗とくに餅苗を二把三宝荒神に供える。稲刈りや麦刈りの終わったさいには、初穂を荒神すなわち竈神に供えたり、鎌を供える風がある。

荒神さん

関西の民家には、かつてどこでも大きなクドすなわち竈が据えられていた。いまでも古い家ではそうした情景が見られる。ことに「大和棟」の家では、広い土間に、よく磨きのかけられた大きな「曲がりクド」がどんと構えている。大小のカマ（竈）が五つとか七つとか、連結して築かれていて、そのなかのひときわ大きなカマには、いつも新しい、枝ぶりのよい松が飾られる。これが荒神松で、三宝荒神の依代《よりしろ》である。

三宝荒神は火の神さん、すなわちカマド（竈）の神、囲炉裏の神である。だからカマドも囲炉裏も直接、荒神の祭場となる。京都の田舎では、囲炉裏の金輪を「荒神」と呼ぶところさえある。そうでなくとも、近辺に荒神棚を祀る。また、カマドや囲炉裏の近くにあって、大黒柱に対する柱を荒神柱といい、荒神の守り札を貼ったりしている。

志摩地方では正月の火替えののち「荒神浄め」といってカマドの祓いをする。伊豆の八丈島あたりでは「荒神祝い」といって、囲炉裏の四隅に穴をあけ、餅を少しずつ削って納め、火の神を祝う作法がある。

一般に火の神は女神で、火の管理はもちろんのこと作物から一家一身の庇護もしてくれるという。大和では田植じまいに、苗を荒神の大ガマに供え、穂掛けには初穂を、刈り上げには鎌を箕に入れて供え祀る。荒神は作神としても信仰されたようである。

また、荒神ははげしい験力をもつというので、荒神さんの墨を生まれたての児の顔に塗れば、悪魔を祓えると信じるところも多く、厄払いの神として信仰されている。

図8　清荒神奉納火箸

兵庫県宝塚市の清荒神は、ことに厄払いに御利益があるという。けわしい参道を登りつめ、境内にいたると、大きなお堂のほかに火箸の奉納所が目につく。ここには人の背丈もあるほどの大きな火箸から、日常使う小さいものまで、大小さまざまの火箸が所せましと奉納されている。火難除けの祈願のほかに、厄年になる人は、前厄の年に荒神さんに参って火箸をもらい本厄、後厄と三年間家の荒神の前に祀り、後厄のすんだあとこれをもってお礼参りをし、納めて帰るという。

荒神さんの祭日はどこも旧暦の五月二十八日。奈良県橿原市小綱のスモモの荒神祭には、この日から浴衣を着ると厄除けになると伝えられ、みながきそって浴衣がけでお参りする。また当日雨天だと「五郎十郎の涙雨」という。不思議とこの日は雨が多いらしい。「虎が雨」「曾我の涙雨」などといって、この日かならず雨が降ると信じられていることは、全国にわたっている。曾我兄弟が仇討ちをとげた日、十郎が虎御前と涙の別れをし、討死にしたのがこの日であるところから、この俗伝が生まれたのであろうが、五月二十八日は田植えをひかえて、水が潤沢に得られるよう、荒ぶる神に降雨を祈ったのであった。

荒神はまた鍛冶屋の神としても信仰される。鍛冶に火は欠かせないものであったからである。カマド神・火の神としての荒神のほかに、地神・地主神・氏神として信仰されることもある。中国地方では、一族の姓や地名をつけて「何々荒神」と呼ばれるものが多く、木立のなかの塚や大きな樹木をもって荒神として祀っている。これらは同姓のもの、いわゆる一族・株ごとに一つずつ祀っていることが多く、一族神すなわち氏神に近い性格をもっている。

昔は、江戸の町でも荒神が広く信仰され、『東都歳時記』に、

> 十二月、日不定、此節より煤竹売りあるく、荒神のゑまうりあるく

と、年の暮れになり、荒神祭に備えて絵馬を売り歩いたことが見える。人びとはみなその絵馬を買って荒神にお参りし、奉納するのが当時の一般風俗であった。

愛宕さん・秋葉さん

いまから五十余万年前、「火の発見」によって類人猿から人類の原人が誕生し、この火が人類文化の発展を促した。そして、人間がその火をコントロールするようになることによって、火は文化生活を営むためのエネルギーともなった。この火はまた一面で人間の生活に脅威をもたらすこともあった。そうしたところから火の思想をもたらし、火の脅威を防いでくれる「火の神」を人間は求めた。そうしたことから、すでに日本神話にも火の神カグツチ神誕生譚が語られている。カグツチ神は『古事記』では迦具土神と記され、『日本書紀』ではホムスビ神（火産霊神）とされ、防火の神として広く信仰されてきた。こうした防火すなわち火伏せの神として、広く信仰されているのが愛宕神社と秋葉神社で、ともに迦具土神（火産霊神）を祭神としている。

愛宕信仰の本拠地である愛宕山は、古くから山岳修験者が入り、平安時代には七高山の一つに数えられ、朝廷から勅旨が遣わされて仏事が営まれた。この愛宕山の奥の院には天狗として知られる太郎坊など三座が、別当寺の朝日峰白雲寺には塞の神としての将軍地蔵など五尊が祀られ、愛宕大権現と総称された。この愛宕山の将軍地蔵は神仏分離後は、京都右京区の天台宗金蔵寺に移祀されている。この愛宕山は山城国と丹波国の国境に位置するところから、もともと塞の神が祀られたが、京の西北方にあたり、しばしば雷霊が出現する方角にあるため、都を火災から守ることを願って、鎮火・防火すなわち火伏せの神として迦具土神が祀られたという。

人家が集まり町が完成すると、火難にたいする畏怖が増幅されてくる。そして近世になると、とくに畿内一帯に火伏祈願に愛宕大権現に代参を遣わす愛宕講が組まれた。また「愛宕千日詣」と称し、七月三十一日（明治以前は六月二十四日）の夜から翌朝にかけ、愛宕山の愛宕神社に参詣すれば、千日間詣でたと同じ神徳があるとして山に登り、火伏せを祈願する風習がある。苦行ともいえる三時間に及ぶ急坂道を登り、火除けのお札と樒の枝を授与されて帰り、竈など火所に貼ったり供えたりして火伏せをするのであった。

なお、愛宕大権現と将軍地蔵すなわち愛宕信仰と地蔵信仰が一体として意識されたこともあって、全国各地で火防地蔵・火除地蔵と称される地蔵尊が祀られ、京都左京区の広河原や花背では、八月二十三日地蔵盆の夜に愛宕大権現に火伏せを願い、火を献じる松上げ行事が行われ、豊中市新田地区では、八月二十四日愛宕山に登り、石仏に供物を供えて地蔵祭を営む風がある。

秋葉信仰の本拠地である秋葉山も、古くから山岳修験者が入り、ことに飛行自在の験力と鎮火の術を身につけた三尺坊という修験者の霊力が、中世以来流布され、遠江国北部の秋葉山の秋葉大権現への信仰も高まった。その後、貞享二年（一六八五）東海道一帯に秋葉三尺坊の火伏せの神として信仰が広まり、秋葉三尺坊の神輿が東海道沿いに京都から江戸に向かって渡御したため、治安を乱すとして幕府が禁令を発したことから、かえってその渡御が拡大して全国に広まったのであった。

しかし明治時代になって神仏分離政策により、秋葉山頂の権現にかわって、迦具土神を祭神とする秋葉神社が山頂に創建され、ついで山頂近くに秋葉寺が再興された。そして現在宗教法人として登録される秋葉神社は三百四十六社、境内社・末社の秋葉社は数千におよび、秋葉権現を奉持する曹洞宗寺院は千三百ヶ寺を超えるという。

こうした秋葉大権現を信仰し、秋葉神社・秋葉寺に参詣することを目的とする秋葉講が、青森県から鹿児島県まで三十三都道府県に存在する。ことに信仰のさかんな愛知県には、講元が組織した講中のあいだを、秋葉権現の分霊を乗せた神輿を村送りで巡回させる秋葉講が現存する。また、火伏せの信仰は住宅の密集する町場に濃厚で、名古屋の町屋は中二階形式が多いが、一階の屋根の上や軒下に、屋根神さん、軒神さんと称する小祠が祀られている。土地柄からして中央には熱田神宮が祀られるが、左に津島神社、右に秋葉神社が祀られており毎月一日と十五日には、組の当番が榊・水・塩・洗米・神酒・菓子・野菜などをお供えし、夕方には路上で火を焚く。また、村や町によっては集落のなかに秋葉灯籠を建て、秋葉講中が代参してもらってきたお札を祀り、毎晩交代で灯明を献じて祈る風もある。

なお、迦具土神は火を司る神なので、鍛冶の神、焼物の神としても信仰される。陶磁器産業の守護神を祀る陶器神社でも迦具土神を祭神とすることが多い。

金山さん・金屋子神さん

わが国における製鉄の歴史は古い。ことに「踏鞴《たたら》吹き」といわれる、砂鉄を原料とした製鉄法は、独特のものであった。この踏鞴場に働く人びとのあいだでは、古くから、金山さんと呼ばれる神が、その守護神、鍛冶の神として深く信仰された。

奄美諸島の喜界島では、カナガミといい、昔、鍛冶をした家の庭とか、鍛冶屋跡に石を立てて祀っている。東京都の青ヶ島では、鍛冶屋をやめると、カナトコなど一切の道具を屋敷内に祀り、これを金山さんと呼んでいる。

威力ある利器の材料としての鉄を制御する鍛冶屋の仕事は、一種神聖なものと考えられ、また、火床に火を使用するところから、荒々しい神だと信じられた。八丈島でも、金山さんはもっとも荒々しい神であるという。そして、火の神としての荒神と同じ性格の神とも考えられた。

長野県の上伊那と下伊那の郡境あたりでは、湯沢という姓の家が多く、金山さんを祀り、その家には、荒神を祀らぬのが特色である。伊那市長谷で、この神を信仰する人は、四つ足の動物の肉を食べてはならない。しかしウサギは四つ足獣であるが、鳥のうちだから食べてもよいという。金山さんは四つ足と肉の穢れを極度に忌む性格をもっている。

図9　下村重信『鉄山記』に描かれた鍛冶場の図

愛知県の知多半島沖に浮かぶ日間賀島でも、金山さんが信仰されていて、十一月八日がその祭日、鞴《ふいご》を使うものはかならず祀る。

金山さんは、もともとは鉱山の神、とくに鉱山の跡の谷を司る神であったといわれ、庚申の夜でてきて邪魔をするという俗信がある。金山彦・金山姫のことは、すでに『記紀』にも記され、金山を主宰し、剣・鏡・鋤・鍬を作製した神とされている。

この神の子が金屋子神といわれ、中国地方をはじめとして、四国・九州の一部、関東・東北の一部など、もっとも広く信仰された神である。中国地方の踏鞴場地帯においてもっとも濃厚で、鉄穴から踏鞴・大鍛冶・小鍛冶・鋳物師・鋳掛屋、さらに炭窯にいたるまで、およそ鉄に関する職にたずさわるものは、すべてこの神を守護神としたのであった。そして、石見地方では、一村に三社ないし五社の金屋子神の鎮座が見られ、金屋・金谷・金鋳、金井などの地名も、この神の信仰につながるものであった。

金屋というのは、鞴を使う職人を総称した言葉であるが、金屋子神は天明四年（一七八四）の『鉄山秘書』に記載されている「金屋子神祭文」によると、播磨国志相郡岩鍋（兵庫県宍粟市千種町岩野辺）に降臨したが、そののち白鷺に乗って出雲国能義郡比田（島根県安来市広瀬町西比田）に渡り、ここで砂鉄製錬技術を伝えたという。

金屋子神の祭日は、十一月初子《はつね》の日とされる。それは、この日天から踏鞴が降ってきたからであると、踏鞴師のあいだでは伝えられている。そして各踏鞴場に金屋子神が分祀され、それをモトヤマと呼び、四本柱の奥に土で丸い山を築き、この山を御神体山とした。この神はまた踏鞴場だけでなく、鉄穴や炭焼き場、鍛冶場でも祀られ、一貫した作業の統一神としての性格をもった。

なお、鍛冶屋はみな、十一月八日に鞴祭をした。一日仕事を休み、鞴を清めて注連縄を張り、御神酒や赤飯を供えるのが一般的である。

十一月は火にかかわる信仰の時期、お火焚きの行事の行われる月で、京都では宮中・公家・神社・民間などで庭火を焚く行事があり、ほとんど連日どこかにお火焚きがあって、京都の霜月祭の特徴をなした。

木地・轆轤の神さん

山中に樹を伐り、轆轤《ろくろ》と呼ぶ特殊な工具を使って椀、盆などを作る工人を木地師・木地屋という。ところによっては木地刳《く》り・轆轤師・挽き物師などの呼称もある。日本の著名な漆器工芸も、これら木地屋の来住を基礎としたものが多く、会津漆器の製作にも彼らの参加があったし、竹田椀・日野塗・吉野塗なども、その起源は木地屋の技術に求めることができ、近世ことにその活躍はめざましい。

木地屋は山を生活の舞台とするため、山の神の信仰をもつが、一方で、その職能の始祖として小野宮惟喬《これたか》親王を崇拝した。惟喬親王は文徳天皇の第一皇子であったが、第四皇子の惟仁親王が立太子し、のちに九歳で清和天皇となった。その背後にはいまわしい策謀が渦巻いていたという。あれやこれやで、すっかり世をはかんだ惟喬親王は、ついに仏の道を求めて都をあとにし、近江の愛知《えち》川をさかのぼり、小椋谷に隠棲した。従うもの太政大臣藤原実秀ら数名、貞観十四年(八七二)、親王は出家、素覚法親王と称した。たまたま読経のさい、法華経の経軸から轆轤を思いついた。さっそく付近の山民にその使い方を教え、生業の資とした。それがわが国木地業の初めという。こうした由緒をもって、惟喬親王を木地屋の職の祖神として崇めるようになり、小椋谷は木地屋の本拠として親王を祀る神社や宮寺・墓が建立され、崇敬の中心となった。

もともと近江湖西には、小野郷を本領とした小野氏がいた。この一族は宮廷の語部猿女《さるめ》氏の系統に属し、特殊な信仰の伝播者であったが、その信仰の残留と、都の貴種・貴人が訳あって、都を逃れて鄙びた地に下って行くという、日本文学の素材となっている「貴種流離譚」とが結合して生まれた、木地屋の始祖信仰である。

木地屋のこうした信仰は、惟喬親王伝説にもとづくものが、全国にもっとも普遍しているが、それ以外の人物を始祖とする伝承・信仰も、各地に数多く分布した。下野・越後では高倉宮以仁王、相模では鎮西八朗為朝、信濃では尹良親王、信濃・越中では宗良親王、甲斐では孝謙天皇、越前では悪源太義平や平将門・継体天皇、大和では大塔宮護良親王・村上義光、出雲では平能登守教経、安芸・日向では那須与一宗高などがそうであるし、平家落人譚が信仰のもととなっているところも、全国各地にあった。

ところで、惟喬親王に従った藤原実秀も小椋庄の住民となり、小椋に改姓し小椋実秀と称し、以来、木地屋はみな小椋・小倉・大倉・大蔵などを姓として、宮廷にも仕え、その由緒によって諸国を自由に往来し、木地屋渡世の勅許を得たという。そうした過程で、小椋庄の東に君ヶ畑（滋賀県近江市）、西に蛭谷（同）と二つの本家筋に分かれ、君ヶ畑は高松御所と称し大皇大明神を祀り、金竜寺を営み、蛭谷は筒井公文所と称して筒井八幡宮を祀り、帰雲庵を営んだ。両者それぞれの由緒を主張、君ヶ畑には吉田、蛭谷には白川の神道家がバックとなり、久しく抗争をつづけたが、明和四年（一七六七）、大皇大明神を木地師祖神、筒井八幡宮を轆轤師鎮守として、両者の抗争は一応妥結した。しかし両者ともに、全国の木地屋にそれぞれ免許状や鑑札を発行し、神人《じにん》が毎年各地を廻り、木地屋と連絡を保った。これを氏子狩りと称し、それは明治の初めまでつづいた。

図10　君ヶ畑の大皇大明神社の宮寺として建立された金竜寺

また、君ヶ畑の大皇大明神では、近世中期まで一年神主制で、氏子が毎年順番で神役をつとめ、神役にあたるものは、たとえ他国を渡り歩いて木地製作にあたっていても、このときだけは帰村してつとめた。蛭谷の筒井八幡宮でも、慶安ごろに実秀の末裔と称する大岩氏が神主になるまでは、常神主はいなかった。氏子が一人前の木地屋になるためには、神前に烏帽子を着て参拝し、烏帽子親と盃をして改名する「烏帽子着」の儀式をせねばならなかった。

山の神さん

年中行事の一環としてなされる山の神祭は、多くは霜月七日で、なかには正月七日と霜月七日の両日というところもある。この場合、前者は「初山神」と呼ばれる。山の神祭は通常「山の神ノ木」と呼ばれる大木の根もとで行われ、この木は多く屋敷のそばにある檜・榊・樫・杉・樝《やまにれ》などの大木で、祟りがあるといってだれも伐ろうとはしないのである。

この祭の日は山へ入ると災難に遭うといって休日にするが、またこの日の朝山の神が木を数えるから、うっかり行くと数えこまれてしまうとも伝えられ、祭をすませてからならばよいといい、朝のうちに削り花（村により二層と三層に削る）と小豆団子、海の魚、御神酒、洗米などを供えて祭をしてしまう。とくに山の神は女の神で家内が七人あるといって小団子を七つ供え、この七の数にちなんで七人で組をつくって山仕事をするのを忌み、一般に七人旅をきらうのもこうした伝承に影響されたのであろう。

また山の神はオコゼを喜ぶという。山の神は醜女《しこめ》なので、奇妙な姿のオコゼを見せると、自分よりさらに醜いものがいると安心する。そこでオコゼをあげて喜ばせるという。奈良県吉野郡十津川村の西川谷や神納川のほうでは、山猟にでる朝、山の神のところで、オコゼの尻尾を見せ

「獲物をとらせてくれたらみな見せます」といって猟にでかける。しかし実際は獲物があっても全部見せない。全部見せると山の神が笑うからいかん、と伝えられている。このオコゼは一般に奇妙な形をした骨だらけの海の魚で、種類はいろいろあるが、なかには鋭いトゲで人を刺すものもあって、漁人にはきらわれているといわれるが、この実物は知られておらず、サイラ（サンマ）などで代用するともいわれる。

山で失せ物をしたとき、獲物のとれないとき、

俺ゃこの山で何々を落としたんやが、シバズモウとって見せるから、あるとこ教えてくださされ

と山の神に願をかけ、いきなりそこらに生えているシバ（灌木）に跳びついて、これを相手にでたらめにホタエ、相撲をとる。これをやった後で探すとかならず見つかる。シバズモウは真裸でやるといっそう効き目がある。山の神は女の神だから男根を見せると喜ぶからなおよいという。その場合もやはり半分見せたらよいので、全部見せてしまうと今度願を掛けたときの効き目がうすいとか、山村においては山の神にまつわるいろいろ愉快な伝承が保持されている。

琵琶湖の南端、湖南平野の東寄り、栗太市上砥山の山の中。木立のあいだを縫う細い道も、わかりかねるようなところに、幾十年も前から山の神の身体が、男体・女体重なったまま、幾十体と並んでいる。あるものはなかばくち果て、あるものは落ち葉に埋もれてはいるが、祀られたときの姿をそのままとどめている。神秘というよりは、異様ささえ感じさせる雰囲気である。

山の神の御神体は二尺あまりの松の木。男体・女体ともに二股になっている。これが足になる。男体のほうは、股のところで二、三寸の小枝を残し、男性を象徴し、さらに腕になぞらえた枝もついている。両方とも元のほうを少し削り、墨で顔を描いている。

ここの山の神祭は旧正月の七日。四人の当番は旧正月一日から別火生活に入り、祭の準備にいそがしい。六日の夕刻、神体をはじめ祭具は神宿に移される。山の神のお嫁入りという。いよいよ夜もふけると、紋付・羽織・袴の当番が二手に分かれ、二つの山の神の山に、神体を納めに行く。提灯の明かりをたよりに、伊勢音頭で村人たちがこれに従う。

図11　上砥山の山の神祭

祭場にいたるとコモを敷き、竹スダレを置き、供物を並べ、その上で男体を下に女体を両手にもって幾度も上下させる。山の神夫婦和合の作法である。

男体、女体ワー、二度三度ワー、清九郎お松ワー……

大声で唱える声がこだまする。この儀礼が終るのは、もう七日の朝の三時ごろ。

鈴鹿の西麓の山の神には奇態なものが多いが、滋賀県甲賀市土山町青土のものは古俗を伝えている。正月六日夕刻から山の神のオン（男）、メン（女）のオタイ（依代のこと）と注連縄が用意される。七日は早朝から、藁で作った神酒徳利と、シデの木の枝の鉤をもった村人が、三々五々山の神の祭場に行く。その年の行司（当番）がオンタイ、翌年の行司がメンタイをもって向かい合い、衆人哄笑のうちに、オンタイとメンタイの股間に細工された陰陽を交換させる。このとき、仲人役の長老がおもむろに酒をこれに注ぎかける。

そのあと山の神の前に注連縄を張り、各自もってきた鉤を注連縄に掛け、柄を引っぱって、鉤引きの作法をする。

ヨンサヨンサ、早稲寄せヨンサ、中穂寄せヨンサ、晩稲寄せヨンサ……

と一大合唱、五穀豊穣の予祝をこめたものである。

山の神は、ひとり山かせぎをする人だけが信じるのではなく、広く農民のあいだでも信じられた。農民のいう山の神は、春に山から里に降って田の神となり、秋の収穫がすむとまた山に帰って山の神となる。山の神と田の神は同じ神であった。したがって山の神の祭日に、一年間の豊作を祈ったのである。山の神を夫婦に見たて、その生殖行為をもって稲の繁殖にかけた素朴な農民の信仰がうかがえる。これがまた日本人の信仰の根源でもあった。

なお、稲田に立てられる蓑笠をつけた一本足の案山子《かかし》は、山の神が山から下りて田の神になった姿である。そして十月十日のカガシアゲの行事をもって、山に帰り山の神となるのであった。

片足神さん

「山の神」の世界、そこには平野の里とはまた異なった神々がおわす。それは妖怪・怪物めいた神。片足神はその代表的な神である。

愛知県新城市山吉田の栃の窪から、ハダナシの山にかけての山中には、片脚上臈あるいはヒメンジョロウという妖怪が棲み、狩人の獲物を奪うという。これは片足神で、山に紙緒の草履をはいて行けば、かならず片方をとられると信じられていた。

奈良県吉野郡十津川村の西南、和歌山県との境に、果無山という大山脈がある。もとは熊野詣の街道で、上り下り七十二丁ずつの大坂路であった。ところがここに一本足で目が皿のような怪物がいたという。イッポンダタラと人は呼んだ。常には人を害することはなく、ハテノハツカすなわち十二月二十日だけは危険といい、人は通らなかった。ハテには人通りがないから、果無山と名がついたという。吉野郡川上村から上北山村に越える境に、伯母峯という大きな峠がある。昔の峠はいまよりはるか東方の高いところに通じていた。ここにも一本足の怪物があらわれたという。その日はやはり果ての二十日で、伯母峯の厄日とされている。

十二月二十日という日は、なんらかの神祭の日で、山の神の祭日とし、山に入るのを忌む風は各地にある。静岡県浜名湖西部では、送り神の行事をするし、長野県小県郡では、二十日松・二十日注連といって、この日、松迎えをするという。

高知県室戸の枯巌窟でも、片足神を祀っているが、ここに参るものは、ハンコンゴウ（足半草履）を片方だけ寄進する風がある。愛媛県宇和島市吉田町の付近では、正月十六日に足半草履を片方だけ村はずれに置いて魔除けにする。片足神への寄進である。同類の行事は各地にきわめて多い。

島根県石見地方では、正月の歳徳神が片足というし、山口県山口市阿東嘉年でも、歳徳神は片足神といい、足半草履を片足だけ作ってあげる風がある。

なお、十一月二十三日の大師講に、弘法大師空海が村々をめぐり歩くという伝承は広く、しかもその大師さんの足は、片足が短いとか、スリコ木のようになっているといい、秋の稲田に立てられる一本足の案山子《かかし》は、田の神の姿であるという伝承が各地にある。

古い時代の祭には、神の名代として祭の礼を受けさせるものを、常人と区別するため、片足にしたり片目にしたりする風習があったという。そしてその霊は、神の眷属として祀られるとともに、一方、主神の統御からはなれて、山野に漂白した霊は、おそろしい妖怪となってしばしば人里にあらわれたのであった。

太子さん

山を領する神として、山の神は広範に信仰されるが、農民のいう山の神は、春に山から里に下って田の神となり、秋の収穫がすむと山に帰って山の神となる。ところが、猟師・炭焼・木樵《きこり》など山稼ぎ職人の信ずる山の神は、また信仰を別にする。山の神は一年中山に鎮座すると考え、特殊な形をした木を山の神の木として、とくに神聖視する風もある。

木樵や木挽《こびき》は、山の神をオオイゴと呼ぶ風が広くあったが、それに大子・太子の字をあてて、いつのまにやらダイシ・タイシと読まれ、弘法大師や元三《がんさん》大師・智者大師などに付会した話に語り伝えられ、太子さんすなわち聖徳太子とも混同し、太子を信仰するようになった。

また炭焼仲間では、炭焼技術の要諦は、煙出しの穴から出る煙の色を、いかによく判別するかにあるが、この技術は弘法大師に教えられたという。そして煙出し穴をダイシアナと呼ぶところが、東日本にはたくさんあった。この弘法大師がいつのほどからか聖徳太子と混同して語り伝えられ、炭焼職人も太子さんを信仰した。

関東以西では、木樵・木挽・炭焼のほかに大工・左官・石屋・桶屋などの職人も、もっぱら太子さんを信仰し、太子講を組んで祭をした。これは農村の大師講すなわちダイシコウと区別して、タイシコウと呼ばれ、またその祭日も大師講とはちがっているのが普通であった。しかし、東北の一部や信州あたりでは、大師講の日である十一月二十三日に営まれ、大師講とちかい姿のものもあり、そのはじめは両者を渾然と意識したようである。

もちろん太子さん以外の信仰をもつところもあった。たとえば、飛驒の高山では国分寺に祀る木鶴大明神や、鎌倉末の名工と伝える藤原宗安を祖神として祀った。また道具そのものを神聖視し、祀ることもあった。長崎県五島列島では、正月二日にドンバコサマという神を祀るが、ドンバコは道具箱の意である。正月に大工道具を入れた道具箱を、恵比寿や大黒のほとりにおき、こ

図12　曲尺を持つ太子像

れに注連縄を張り、鏡餅を供えて祀る風は随所にみられた。そして、正月二日の仕事始めに、大工仲間が寄って、神前で「釿始《ちような》」の儀式を行い、墨斗・墨芯・曲尺・手斧（釿）などをもって一組とする、儀式用の大工道具もつくられていた。

石切りや石細工の職人を一般に石屋というが、彼らも祖神としての太子さんを信仰し、祀った。とくに石垣石屋や、石像・石塔・鳥居などをつくる細工石屋などの町石屋は、大工などと同じように太子講を組んで、聖徳太子の忌日を祀り日として、順番に宿をつとめて祭をした。しかし、丁場と呼ばれる石切り場で、石材採掘をする山石屋のあいだでは、山の神を祀る風習があり、十一月七日に丁場にボタモチ・御神酒などを供え、この日は一日仕事を休んだ。

ヒダル神さん

昔の旅はのどかであった。他人にわずらわされることなく、みな思い思いに、腰に弁当をくくりつけ、里を過ぎ、野を通り、山を越え、自然の空気を満喫して行った。

峠の道は隣村への、あるいは他国への、異郷に通じる道であった。そして古い峠はなにか物淋しく、神秘を感じさせるところが多く、ときには、よからぬ神が待ちかまえていることもあった。あるところまでくると、急に空腹をおぼえ、足腰が立たなくなり、冷や汗がでて悪寒《おかん》を感じたりする。腰をおろすとグーと寝込んでしまうこともある。悪霊がとり憑くのである。この悪霊をダル神・ダリ神・ヒダル神などと呼び、これに憑かれることを、ダリに憑かれるという。

これに憑かれる場所はたいてい決まっていて、人びとはよく知っている。昔、餓死した人があって、その霊がとどまって通る人を悩ますと説明されている。愛知県北設楽郡東栄町振草の下栗代から、神田に通じる花丸峠下の路傍に、ダリボトケと呼ばれる苔むした墓石がある。寛永（一六二四〜四四）のころ、行倒れになった旅人を埋葬したもので、ここを通るとダリに憑かれるという。そのとき、木の葉でもなんでも、一口食べると治まるとされている。

設楽町和市から振草の小林へ越す峠にも、岩苔とりをしていて餓死した人を祀ったと伝える一基の墓があり、これをやはりダリボトケ、またはダリガミと呼び、同様の話が伝えられている。

和歌山・奈良両県にも、ダリが憑くという山道が多い。かの徳川家康も近江と伊賀の境の鈴鹿峠でダル神に憑かれたと伝えられている。和歌山県出身の世界的博物学者である南方熊楠《みなかたくまくす》（一八六七〜一九四二）も、熊野街道でヒダル神にとり憑かれたと述べている。奈良県の十津川では、腹が減っていないときでも憑く。飯をもっていてもそれを食う力もない。魚をもっていればよけいに憑く。こうしたときは、掌に「米」という字を指で書いて、水で飲む格好をすればよいとか、飯を一口口に入れ、それをのみ込まずに吐き出し、二口目に飲めば治るという。

四国の高知県、九州の長崎県五島・対馬、鹿児島県地方では、峠や路傍に「柴折さん」と呼ばれる祠がよく祀ってある。ここを通るとき、柴を折って供えていくと、ヒダル神はめったに憑かないという。

こうしたことから、旅をしたり山野に仕事に行くときは、箸を一人前余分につけて行ったり、弁当はかならず少し食い残しておき、ヒダル神にささげる用意をしておくといわれる。また、水筒の水や茶はかならず少し残しておき、家に入るとき門口で撒いてから入る。それは喉を乾かしてついてきたヒダル神への施しで、ヒダル神が家のなかについてこないための呪術であるという。なお、三重県では人間以外に、牛にまで憑いたことがあったし、船の上でもヒダル神がいると伝えられている。

ヒダル神の信仰は、中部地方以西に濃厚に伝承されていて、いずれも病神や祟りの俗信とも表裏一体をなし、仏法に影響された無縁仏あるいは餓鬼の伝承とも関係があり、『万葉集』などに見られる、峠や国境の手向け神とも脈絡をもち、実に複雑な要素をもって、今日に伝承されている。

袖もぎさん

昔の村里には、ところどころに精霊が棲むというところがあった。人里はなれた峠道とか、村はずれの小川のほとり、橋のたもとにそうしたところが多い。袖もぎさんもその路傍神の一つである。袖もぎさんという神は、袖モジキと呼ばれ、この神の前を通ると袖をとられるとか、前で転んだときは片袖をあげねばならないという信仰がある。全国にはソデモギという地名がたくさんあるが、そこには多くこの神にかかわる怪異が伝えられている。千葉県成田市押畑、旧成田街道に袖切坂という坂がある。この坂で転べば、かならず袖を切り捨てる。そうしないとあとで災厄に遭うという。静岡県浜松市北区都田町には、袖切橋がある。ここでも転ぶと、袖か裾を切って通らねば、あとで不幸なことがおこるといわれている。

兵庫県佐用郡では、薬師の辻堂のところで倒れると、草履を捨てるか、片袖をちぎって帰らぬと死ぬという。徳島県では袖もぎさんの祠を祀っていたところもあり、そこでは、転ばずとも片袖をとって祀らねばならないとされ、高知県では、なにごとなりとも祈願をするときは、わざわざ小さな片袖を縫って、坂の神に納める風がいまもある。壱岐には袖とり川というところがあって、そこでも転ぶとよくないといって、片袖をもいで置いた。

奈良県五条市西吉野町西新子の袖もぎは、坂でもなく、べつに祠もないが、同じくそこで転ぶと片袖をとって捨てねばならない。また、聖徳太子が飢人を見て、着物を脱ぎ与えた話は有名である。推古天皇の時代、聖徳太子が片岡の里（奈良県北葛城郡王寺町）を遊行《ゆぎょう》したとき、路傍に襤褸《ぼろ》をまとった異様な人が飢えて臥していた。眼光鋭く身体から香を発し、その風体はただの人ではない。太子はその名を尋ねたが答えがない。そこで歌をもって問答をし、自分の衣装を与えて帰ったが、その翌日、飢人は死んだ。厚く葬ったが棺に遺骸はなく、ただ太子からもらった衣服だけが納まっていた。世人は達磨の化身《けしん》であるといい、棺上に達磨塚を築き、さらに精舎を建立して祀ったという。

この話も、袖もぎさんの信仰と一脈相通じるものである。神への手向けとして袖を截った習俗は、こうした精霊が衣や袖を欲しがって、請求するものと信じたからであった。

また、香川県三豊市のこの神は、ソデモジキというが、旅人がこれに枝を折って手向けるというから、柴神さんのことであろうし、高知県でも、峠道で柴折さんに柴を供えて通れば、ヒダルガミに憑かれないという。壱岐でも同様の神をシバトリガミといい、長崎県の五島や対馬、鹿児島県鹿児島郡十島村の悪石島などには、峠または路傍に柴折神の祠があって、そこを通るものは、やはり柴を折って手向けていくという。これらの柴神・柴取神・柴折神も、袖もぎ神と同一の信仰に由来する神である。

道祖神さん

信濃国は「道祖神」のふるさと。千曲川の南、松本平や諏訪湖あたりに、ことにたくさん祀られている。村境や峠、あるいは辻や橋のたもとに、さまざまな姿を見せる路傍の神は、道いく人の心をいやし、なごやかにしてくれる信濃路ならではの風物である。

道祖神は、塞の神とか道陸《どうろく》神とも呼ばれ、もともと村境を守り、疫神・悪霊の侵入を防ぎ、行路の安全を保障してくれる神であるが、よく村々にいる仲人道楽の人のことを、道陸神とあだ名するように、男女の縁結びの神としたり、子供の神としての信仰も、庶民の暮らしのなかに生きつづけている。

その形は自然石あるいは加工石に「道祖神」などと刻んだ文字碑、男女二体の神像や単体の神像、陰陽石、石の祠、辻灯籠や道標をかねたもの、変わったところでは三九郎人形など多様多彩である。

長野県上伊那郡辰野町沢底の双神像は、烏帽子・狩衣姿の男神と、束髪の女神が体を寄せ合い、手を握り合ったむつまじい姿で、永正二年（一五〇五）の銘があり、在銘のものでは最古の道祖神。茅野市米沢北大沢の、抱擁し接吻し合う双神像、松本市入山辺の、像の下に交合図を刻んだ双神像など、悩ましい姿態の神々、塩尻市洗馬の、太次郎も、駆落ちの道祖神ともいう、人間味あふれる神像など、広く人びとに親しまれている。道祖神が男女二神となり、縁結びの神、性神としても信仰されるようになるには、いろいろな話が伝えられている。昔、兄妹が美しい配偶者を求めて、別れ別れに旅にでたが、たまたま春のおぼろ夜に、互いに美しい相手にめぐり合い、思いをとげたが、夜が明けてみると別れた兄妹であった。二人ははかなんで川に身を投げ、これをあわれんだ村人が、石に二人の姿を刻んで祀り、供養したという兄妹相姦譚がしばしば語られる。

こうした伝説地が、塞の神の場所となって祀られるのは、なんらかの死霊の祟りや、妖怪の出没地と信じられたところであったろう。そこは一面では、人馬の往来がはげしく、また危険を伴うようなところであったからである。しかし、こんなところはまた、えてして昼間子供たちの遊ぶところともなり、道祖神は子供にとってとくに親しい神となっていく。したがって、道祖神の祭は子供が中心となって営んでいるところがき

図13　上伊那の双体道祖神

図14　博奕をうった神さん（奈良市今御門町の道祖神）

わめて多い。

　なお、明治時代以前には松本地方に、道祖神盗みの風習があった。村の若者がこぞって、遠くの村の男女道行きの道祖神を盗んできて、自分の村に立てた。途中で見つかればそこに捨ててくるが、うまく自村の境界内に入れれば、もう公然としたものであった。盗まれたほうも、あとでそれを知ってもかまわずにおいて、またほかの村から盗んできて立てた。だからいまでも、どこの道祖神はどこの村のものであったという話がたくさん残っている。この道祖神盗みは「幸の神の嫁入り」といい、村に幸福と安全をもたらしてくれると、むしろ歓迎する風さえあったという。

　道祖神のなかには変わった神さんもある。奈良市今御門町に祀られる道祖神は、博奕を打った神さんという。昔、この道祖神と元興寺町の御霊さんが博奕を打ったが、道祖神が負け、その氏子は全部御霊神社にとられたので、御霊神社はいまでもたくさん氏子をもっており、道祖神はわずかに今御門だけを氏子としている。九月七日の道祖神の例祭には賽を祀り、「蚊帳のやぶれ」と称する儀式をする。神前でやぶれ蚊帳をひろげる儀式で、道祖神が博奕に負けて、やぶれ蚊帳まで質に入れたことをあらわすという。

風神さん

毎年、夏から秋にかけて日本は台風に見舞われる。気象学が発達し、予報も行われる今日でさえ、風といえば心配になる。ましてや、予報もなかった古い時代には風に対する恐怖は、とうてい今日からははかり知れないものであった。

したがって、大風のおこる原因も風の神がそうせしめるものと信じられていた。蒙古来襲のおり、突然大風が吹いて敵軍が海の藻屑と消えてしまった。この風をかつて「神風」と呼んだ。この神風と呼ばれ、宣伝された意図は問題としても、二百十日前後の台風を神の風というには、それなりに人びとの日常素朴な信仰が基礎にあったといえる。

大風が風の神のなせるわざならば、それを防ぐには、やはり風の神を封じ込めなければならないと考えるのは、当然であった。今日もその作法は庶民の生活のなかに伝えられている。まず、作法の原始的なものは呪術であった。信州をはじめ、中部の山国地方では、二百十日前になると、屋根の上に高く棒を立て、それに大きな袋をとりつける習俗がある。これは風の神をその袋ですくい入れて封じ込め、その活動をとめてしまおうとする心意から生まれたものであった。

また、ふだんから屋根の両端すなわち鬼瓦・鳥衾に、鎌を二本とりつけるところがある。この

図15　法隆寺五重塔相輪の風切り鎌

鎌を「風切り鎌」といい、この鎌で荒れ狂う風の神を切ってしまおうというのである。この習俗はかなり古くから、各地にまた各階層にあったようで、大和の法隆寺の五重塔の上にも、この風切り鎌がつけられている。

とくに農村地帯では、作物を風害から守るため、さまざまな祈願や行事が行われる。二百十日ごろといえば、旧暦の八月一日、すなわち「八朔」にあたる。八朔はもともと稲作の進行に伴う儀礼で、西日本では稲の穂出しを祈願し、東日本では穂掛け、すなわち刈り初めの神事を行う日であるが、同時に風祈禱・風祭が行われるところが多い。

大和の北部、奈良市近郊の農村地帯では、八朔（今は新暦の九月一日）に、村中の大人も子供も、弁当をこしらえて氏神の境内に集まり、そこで作頼みの祈願はもちろんのこと、風の祈禱をし、みんなそろって共食する風がある。これは風祈禱のため、神前でおこもりをし、神人共食する作法である。ここでは、八朔といえば風祈禱の行事だと意識している。こうした作法を「風日待ち」といっているところもたくさんある。

出雲地方では、二百十日の前日に村の社へ「千度参り」をし、馬場で酒盛りをするし、北信州

でも、二百十日の前日に、風祭をトウセンボウとも呼び、
　でっかい嬶ほしゃ二百十日の風除けに
とうたいながら騒ぎ、獅子頭を出したり神楽を催して、神慮をなぐさめる行事をする。
東北地方では、雨風祭といって、この日、ふつう男女二体の人形を作り、村境の地まで送って行ったり、これを焼き捨てて火祭をする風がある。この方式は、虫送りや咳気神送りとよく似ていて、風の神という悪霊をこの人形にうつし、それを流したり焼いたりすることによって、悪霊を退散あるいは消滅せしめようとするものである。これらの作法はみな、風雨を神のわざと考えてのことであった。
また、風神として特別に祀っているところもあり、富山あたりでは、フカヌ堂と称する風神堂が十数ヶ所ある。おそらく大風が吹かぬように願う意からでたのであろう。そして風祭という祭祀儀礼で有名なのは、伊勢の風ノ宮、竜田の風神祭がある。奈良県桜井市の巻向の穴師山、および『延喜式』の神名帳にでてくる諸国の穴師神社もまた、風神を祀ったものである。
竜田明神は、大和川に沿って大阪から県境の生駒と金剛の山脈を横切り、奈良県に入ったところ、生駒郡三郷町立野に祀られる。風の神として竜田明神がこの位置にあることには意味がある。大和盆地のほとんどの河川をみな合わせた大和川が、生駒山脈を横断して河内平野に流れる咽喉の地であるし、また、大阪湾からの風はこの川面をはって大和盆地に吹きこんでくる。ここに風の神が鎮座しても不思議ではなかった。

したがって、この神社の風神祭である「風鎮祭」はもっとも重要な祭であり、いまも盛大に営まれている。六月二十八日から七月四日までの七日七夜、その年の風難を除きたまえと祈る。ことに最後の日は盛大な祭儀があり、もっともにぎやかである。午前中は三重県四日市の伊勢太神楽講社による獅子舞がでて、氏子である立野・下之庄の村の家々を廻って前景気をあおる。また、午前十時ごろからは、神社で祭典と竜田神楽やお湯焚がある。竜田神楽は生駒郡三郷町坂根に先祖代々巫女をつとめる家があって、そこの母娘がその家に伝わる神楽を舞うのである。神前の舞・剣の舞・鈴の舞などで、テンポのおそい古い形の大和神楽である。午後は伊勢太神楽講社の獅子舞の奉納がある。境内には露店が並び、この地方の夏祭としてはもっともにぎわう。

疱瘡神さん

今日のように科学の発達していなかった時代には、よく疫病が流行し、人びとの生活をおびやかした。昔の人はこうした疫病の流行・伝播は、もっぱら疫神の仕業と考えた。疫病のなかでも、ことに疱瘡の伝染が恐れられ、疱瘡神はやっかいな神とされた。隣村などに疱瘡が発生すると、それに応じて、疱瘡神の活動を封じ込め、伝染を防禦し、また、たとえ罹ったとしても、これを軽くするために、さまざまな作法が行われた。

江戸時代には疱瘡神の小祠が各地に祀られた。また、鐘馗《しょうき》や鎮西八郎為朝を描いた錦絵が売られ、それを買い求めて家の門口や入口に近いところに貼る風があったという。

東北の相馬地方では、家の門口に一尺ぐらいもある大きな粗い草鞋一足に幣串をさして吊るし、疱瘡神の侵入を防ぐという。信州では一帯に、桟俵の上に赤い紙で作った御幣・御供米を載せ、道の四つ辻に置く風習がある。近畿地方でも広く行われ、いまは種痘のため、伝染ということはほとんどないが、昔の名残をとどめ、種痘がよくつくように村境で行われている。やはり桟俵に赤い御幣を立てたものを持って行く。滋賀県栗東市では、桟俵に手製の人形を男女一対のせている。

こうして、疱瘡神を辻に祀るのは、もともと外部から疱瘡が流行してくるのを防禦しようとする作法であるが、ひとたび村に流行し、悪霊が横行すると、これを退治するよりほかに、なんとかして村の外に追放し、送り出す手段を講じようとしたのである。

関東の印旛・香取地方では、疱瘡バヤシをして送り出す風もあった。漂着した石を御神

図16　奈良の疱瘡神送り

体として祀ったアンバさんは疱瘡の神だといい、そこから天狗の面を借りてきてこれを村の主だった人が負い、各戸から人がでて、まず疱瘡にかかった家に行き、病人に赤い頭巾をかけさせる。そのあと笛・太鼓ではやし、夜の村を踊り歩いたという。なお、アンバさんは船霊さんの親神さんというところもあり、漁村で多く信仰され、祀られている。

また、九州の佐賀県西松浦郡あたりでは、種痘をして七日目に、ホウソウゴモリといって、座敷の棚に竹で編んだ簀を置き、注連縄を張って赤い紙の幣を吊るして祀る。正月一日には、疱瘡神にあげるといって、餅に小豆を三粒のせて、疱瘡の形にしたものを供える。

栃木県佐野市あたりでは、疱瘡神といわれる石の祠が路傍に祀られていて、道行く人びとに拝まれ、またそこでホウソウゴモリも行われたという。

さらに、疱瘡神をわざわざ迎えて祀るという風もある。もちろん、丁重にもてなして送り出すことを前提としたものであるが、それは人の一生のなかで、疱瘡にはどうしてもかかり、避けて通ることができないものであるならば、積極的に疱瘡神を迎えて祀り、軽くすませてもらおうというのである。福島県相馬市小高区では、地区ごとに六十歳以上の婦人たちによって講が組まれていて、各自糯米《うるち》一升、小豆を汁椀に一杯ずつ持ち寄って宿に集まり、集めた糯米で餅をつき、小豆を煮て二、三粒その上にのせ、これを疱瘡さんと呼び、座敷に飾って祀る。また、エジコ(嬰児を入れておく藁製容器。イズミ、エズメともいう)とワラジを作り、大国神社から授かってきた御幣をエジコに立て、それを持って貴布根神社に参り、海に流すのである。そしてふたたび宿にもどり、疱瘡さんの餅と白餅をもち帰り、子供に食べさせて疱瘡にかからぬように、もしかかっても軽くすむように願うという。

笠神さん

地名は「地表の化石」ともいわれる。大和には国中《くんなか》（平坦地）からその周辺の山地一帯にかけて、「笠神」という地名（小字名）が、数十ヶ所もある。このうち多くは実際に神が祀られ、いまも信仰されている。それが小さな杜であったり、塚あるいは老木であったり、また陽石のところ、祠になっているところと、さまざまな姿をしているが、天理市石上神宮《いそのかみ》旧境内地の笠神をはじめ、陽石がきわめて多い。また奈良市横井の笠神その他、神社に合祀されたり、末社になったりしている例もある。

この笠神と称する神は、一様にクサガミと発音されていて、子供のクサ（瘡）を治す神さまと信じられている。横井の笠神は、いま青井神社という小祠になっているが、瘂瘡神社と刻んだ灯籠が上げられている。昔、小野小町がカサ（瘡）をわずらってこの地にきて、髪を切って笠とともにこの神に供え、

村雨《むらさめ》は今ひと時にはれて行く　ここに脱ぎ置くおのが身のかさ

の歌を残したという伝説があり、瘡神としての笠神の由来としている。同じ伝説は、伊予の松山にもあり、小野小町が和泉式部となって、播磨のほうにも伝わっているという。

この神への祈願は、天理市豊田神社の末社になっている笠神社で、クサを治してもらうために、土の団子をこしらえてあげ、治ると本当の団子をあげる。童唄にうたわれた江戸の笠森稲荷と同じ祈願の仕方である。この笠神は大和にもっともたくさん祀られているが、愛知・岐阜・長野・滋賀・和歌山の各県と、東西遠く離れた千葉・宮城・岡山の各県にも数例ずつ見られ、そのことごとくが、やはり瘡を治してくれる神である。したがって、笠神は瘡神と考えてよい。

しかし、笠神の名は神名としてすでに平安時代に見られ、この瘡神は、みな笠神の零落したのちの神名であり、信仰であるらしい。笠神の実体がわからなくなってのち、その字音の共通性から瘡の神となったのだろう。

図17　笠神さんの石碑

ところで、笠は古くから神霊の依代として用いられた。悪疫送りの御霊会や、田楽にはかならず傘や笠が用いられた。これが神霊の依代であった。したがって、農耕にかかわる悪疫の霊を送るのに、疫霊の乗り移った笠が、村境や人里離れた山や原に送られたのであろう。そうしたところは、悪疫を封じ込めるには格好の場所であった。この落ち着き鎮まったところに塚が作られ、あるいは標の石像・石碑が建てられ、依代の名がつけられて笠神となったのであろう。悪疫の侵入を阻止する塞の神としての道祖神の祭場も、こうしたところが多く、笠神もあるときには道祖神的な性格をもったところから、大和の笠神に陽石が多いことの意味がわかりそうである。

神農さん

薬種屋は薬の調合・販売をする職業で、多く商店としての経営を行うが、薬草を採取あるいは仕入れて調剤することが前提となっており、一種の職人としての性格をもっている。京では二条通に薬種屋が多く、烏丸通を中心とした高倉から新町まで密集していた。この通の四ヶ町のものが寄って、二条烏丸西入北側に、薬祖として大己貴命《おおなむち》（大国主命・大物主命）・少彦名命を祀った。この神は足利義満の時代から祀られたといい、古くは冬至の日に金閣寺（鹿苑寺）で善哉の接待をして、疫病除けのまじないとしたが、その日に二条で薬祖祭が行われた。のちに十一月二、三日が祭日となり、盛大に営まれるようになった。

大阪には薬祖祭として神農祭がある。

享保七年（一七二二）、徳川八代将軍吉宗が南紀から東上の途中、大坂で病にかかり容易に治らなかったが、大坂道修町《どしようまち》の薬種屋が調剤して進上した薬がたいへんよく効き、たちまちにして本復したので、入国ののち、道修町の薬種屋百二十四軒に免許を与えるとともに、和薬改所を設け、諸国から入荷する薬種の真偽善悪を吟味する特権を与えた。ところが、薬種吟味は非常に至難な業で、少しでも誤れば人命にかかわることなので、伊勢講を組んで伊勢の皇大神宮の加護

図18　神農さんの祭に授与される張子の虎

を祈ったが、なお安心できず安永九年（一七八〇）十月、京の松原通西洞院五条天神社の祭神、少彦名命を勧請して祀り、あわせて中国の薬祖神である神農氏を祀ったのである。

文政五年（一八二二）の秋、虎列刺いわゆるコレラが流行し、人びとがたいへん苦しんだ。そのとき道修町の薬種屋が寄って、「虎頭殺鬼雄黄圓」という丸薬を作って施した。そして「張子の虎」を作って神前に供え、虎列刺平癒を祈願し、それを笹につけて疫病のお守りとして一般に授与した。それ以来、丸薬と虎の授与を乞うものが年々増加し、薬種といえば神農さん、神農さんといえば張子の虎が名物となった。

神農さんの祭は十一月二十二、三日で、

この両日には道修町はすっかり業を休み、辻々には大笹を立て、枠にはまった辻合提灯がかかげられ、和漢薬で趣向をこらした造り物が町のところどころに出された。店頭は金屏風に緋毛氈、活け花などできれいに飾られる。近ごろは町の様子も店の構えも変わってしまったが、献灯を掲げて全町休業し、神農をなぐさめる行事は続けられ、大勢の参詣者でにぎわう。

なお、神農さんは大阪中央区の道修町ばかりでなく、富山や大和など売薬業のさかんなところでも祀られ、地方の薬種商によって信仰されている。

野神さん

近畿地方の農村に集中して、ノガミと呼ぶ神が祀られる。村はずれの田畑のなかや、川のほとり、山裾や神社の境内に祀られ、多くは塚や古木で、なかに石や小祠などを依代にしているものもある。ふだんは祟りを恐れて近づいたりさわったりしない。百姓の神・作物の神・牛馬の神・災難除けの神など土地によって異なるが、総じて農業神の性格をもっている。

大和盆地の北・中部には広く野神祭がある。北和（大和の北部）のほうは野神の塚や古木に牛を連れて参ったり、絵馬をあげたりするのが特徴で、奈良市の市街地でも旧農村地帯の三条・油阪・芝辻・法蓮・紀寺などの町では、かつて農業を営んだ人たちによって六月一日に行事が行われる。

たとえば、奈良市三条細川町では、六月一日の夜明けとともに、野神の木というムクの大木のところへ飼い牛を連れて参り、そこで牛に米を摺った特別の食事をとらせ、参拝者みんなで直会《なおらい》の宴を開き、絵馬をもらう。その絵馬は「入り馬」と「出馬」の二種類あって、社の鳥居に向かって馬が入っていく絵を「入り馬」、鳥居からでてくるほうを「出馬」といい、入り馬をもらうとゲンがよいという。もらった絵馬は一年中牛小屋の入口に吊っておく。

中和（大和の中部）では一般にジャ祭とかシャカシャカ祭などと呼び、藁で巨大な蛇体を作り、野神の老木に巻きつけたり、道をさえぎって吊るしたりするのが特色であり、その日は五月五日あるいは六月五日になっている。

橿原市地黄町の野神祭は一般には「スミつけ祭」と呼ばれ、五月四日の夕方から五日の朝にかけて行われる。四日の夕方、子供たちが釜・鍋の煤を油に混ぜて作った墨を墨つけ棒につけて、田といわず畑の中といわず、泥まみれになって追いかけあって墨のつけあいをする。終わると頭屋（その年の司祭者）の家に引きあげ、行水をして墨を洗い落とし、夕食後、頭屋で夜食を振舞われて、泊まって忌籠りをする。

図19　橿原市地黄のスミつけ祭（野神祭）

大人たちは日没から頭屋で、八本の足をつけた五メートルぐらいの蛇体を藁で作り、雌雄二本の御幣、牛の絵馬など供え物・飾り物をこしらえる。五日は午前三時ごろから大人も子供も一緒になって、蛇体や供え物・飾り物を野神に供えに行くのである。

御所市蛇穴《さらぎ》でも、五月四、五日に、野口神社の境内で当番垣内の連中が十メートルもある大きな蛇体を作り、子供たちがそれをかついで一軒一軒

図20　御所市蛇穴の汁かけ祭（野神祭）

廻って歩く。その巡行が終わると神社拝殿横の蛇塚に蛇体を納める。昔はこの蛇体を大木にかけたこともあり、この行事のあと三斗三升三合の味噌にワカメを入れた汁を作り、参詣者のだれかれかまわずかける作法があった。それでこの祭を「汁かけ祭」と呼んだ。いまはかけることはしないが、それでも汁だけは作って神事をしている。汁をかける作法は、墨つけと同じく悪魔を払うための呪法であったのである。

磯城郡田原本町今里では六月五日に行い、「蛇巻き」と呼ばれている。前日に三軒の頭屋が集まって鋤・鋤・鍬・鎌・備中鍬・馬鍬・犂・梯子・槌・鞍懸・畚《ふご》など、農耕生活に使う一切の道具の模型と、牛や馬の図の絵馬を作る。当日はこれらを木箱に入れて練り歩くとともに、十六、七歳の男子が頭の回り一メートル、胴の長さ三十五メートルもある麦藁で作った蛇体をかかえて村中を練り歩き、道中出会った人たちを蛇体に巻きこんだりしながら、その年に普請・婚礼・出産など慶事のあった家々の祝福に廻り、最後に野神である榎の巨木に巻きつける。同町鍵の大字の行事もまったく同じで、今里の蛇は頭を上にして巻きつけるので「昇り竜」、鍵は頭を下にするので「下り竜」と呼び、両者一対となっている。

橿原市上品寺《じょんぼうじ》町の祭もシャカシャカ祭といい、六月五日子供が藁を持ち寄って、頭屋の家で長さ三〜四メートル、径三十センチぐらいの蛇体を作り、それをかついで領内を練り歩き、「水を飲ませてやる」といって南・北両古池に蛇をつけたのち、野神の木に巻きつけ、御神酒や粽を供えてお祀りする。

わが国では古くから蛇は水神の化身と信じられており、水稲栽培にとって水の神は穀物の豊穣をもたらす神であり、田の神・山の神と非常に親近な神として信仰されてきた。これらの行事は、重要な田植え月である五月の重日（月と日の数字が重なる日。五月の場合は五日）に、稲作の成功を祈願するきわめて大切な農耕儀礼である。六月五日になっているところは、もとは旧暦五月五日で、それを一月おくれの新暦にしたのであった。また、この行事が子供組の重要な行事となっていることも注目される。

四国ではノガミと同系と考えられるノツゴという神を祀る。やはり五月五日に牛の病災を防ぐために祭をしている。ノツゴは牛の死霊を祀るものという。

牛神さん

古来、牛は農耕に大きな力をかしてくれた動物。それだけに、このうえもなく農民に親しまれ、家族の一員のようにさえ考えられた。牛が死んだりしたような場合、あたかも人が死んだのと同じように、悔やみに行くことが近畿地方をはじめ、方々で伝えられている。

人びとはふだんからも、牛の安らかに育つことを願い、牛の安泰を見守ってくれる神を信じ、それを祀った。大阪府の南部、いわゆる和泉地方では、その神を「牛神さん」といい、あちこちに祀られていて、その数は百ヶ所以上にも及ぶ。

村のはずれや辻、また近くの山や丘の上などに、石の祠や「牛神」「牛神様」と刻んだ石碑が、ひっそりと立っている。祠がなくとも、塚や大木が牛神とされているところもかなりある。ことに松の老木は多く、村はずれの一本松は、たいてい牛神と見てもよいほどである。なかには、祭ごとに注連縄をかける古木もある。

牛が病気になると、お供えをして願をかけたり、仔牛が生まれたとき、親牛がなめてやったのち、牛神に連れて参ると、はじめて体が黄色くなるともいう。伯楽から牛を買ったときは、かならず連れて参るというところもある。

祭の日は、おおかた八月七日（もとは旧暦七月七日）で、この日を「牛の盆」とか「牛の節供」といい、牛にごちそうを振る舞ったり、牛の体をきれいに洗って、牛神に連れて参る。また、実際の牛ではなく、各家で藁の牛を作ったり、村中集まって土牛を作って牛神さんに供えるところもある。牛神講、牛神座などの組織があって、大人が中心になって祭を催す村もあるが、おおむね子供の手に祭がゆだねられている。

そんなところでは、子供たちが、

牛神さんの銭おくれ、牛神さんのワラおくれ……

と村中勧進して祭の準備をする。岸和田市小原出の牛神は村のはずれの丘の上にある樹木に囲まれた塚であるが、塚に泥を塗って化粧し、上に丸い石十二個を並べて乳をかたどり、風変わりな牛にする。それに御幣をあげ、御神酒やごちそうを供えてのち、塚の前で相撲をとる。これに似た祭があちこちで、時を同じくして行われ、和泉の里は牛神祭一色に塗りつぶされる。

なお、岸和田市の牛滝山大威徳寺は、本尊が

図21　岸和田にある牛神の塚

牛に乗った大威徳明王であるところから、春秋二回の縁日には、油単をかけ、角巻きをさせ、首ダスキをつけた、装い自慢の牛で境内がにぎわったという。このとき御幣やお札をもらって牛小屋に貼り、お礼参りには牛の絵馬をあげる風習もあった。足を痛めた牛には沓をもらってきて、治れば二足にして返すという。

河内地方では、観心寺を牛滝といって参る。これらの寺は牛神の本山のように考えられていて、村の牛神を牛の守り神として崇めているところでも、牛滝に参るところが少なくない。

なお、大和にも牛神の信仰があり、牛宮さんと呼んでいるが、野神と同じような杜を神域として祀られている。

オシラさん

「みちのく」の信仰、それはオシラさんに代表される。さいはての津軽から、旧南部領や仙台領でさかんに信奉されるこの神は、もっぱら養蚕の神・農の神といわれる。たいていは村の旧家に祀られていて、その家々によって神さんの性質も違うといわれるが、概して気の荒いむずかしい神で、飛び歩くのが特色。家で祀りはじめた由来も、突如出現したというのもめずらしくない。

御神体は、ふつう桑の木で作った男女二体の人形。一本の棒にすぎないものもあるが、棒の先端を頭にして、男女、あるいは馬の顔を彫刻したり、墨書したものが多い。それにオセンタクという布衣を着せ、毎年新しいものを上に着せ重ねていく。着せ方は、神体を頭から包むもの、貫頭衣のように布に頭を通したものもある。

このオセンタクの布で患部をなでると、病気が治るといい、目の悪いものはこれで目をこするし、病弱な子供の着物に縫い込んだり、馬が病気のとき、たてがみに結ぶなどのまじないをする風がある。

オシラさんの祭日は、正月・三月・九月の十六日。このうち正月十六日がもっとも大切な祭日。遠野あたりでは、この日オシラさんを遊ばせる。この神を祀ることをこのようにいう。御神体を

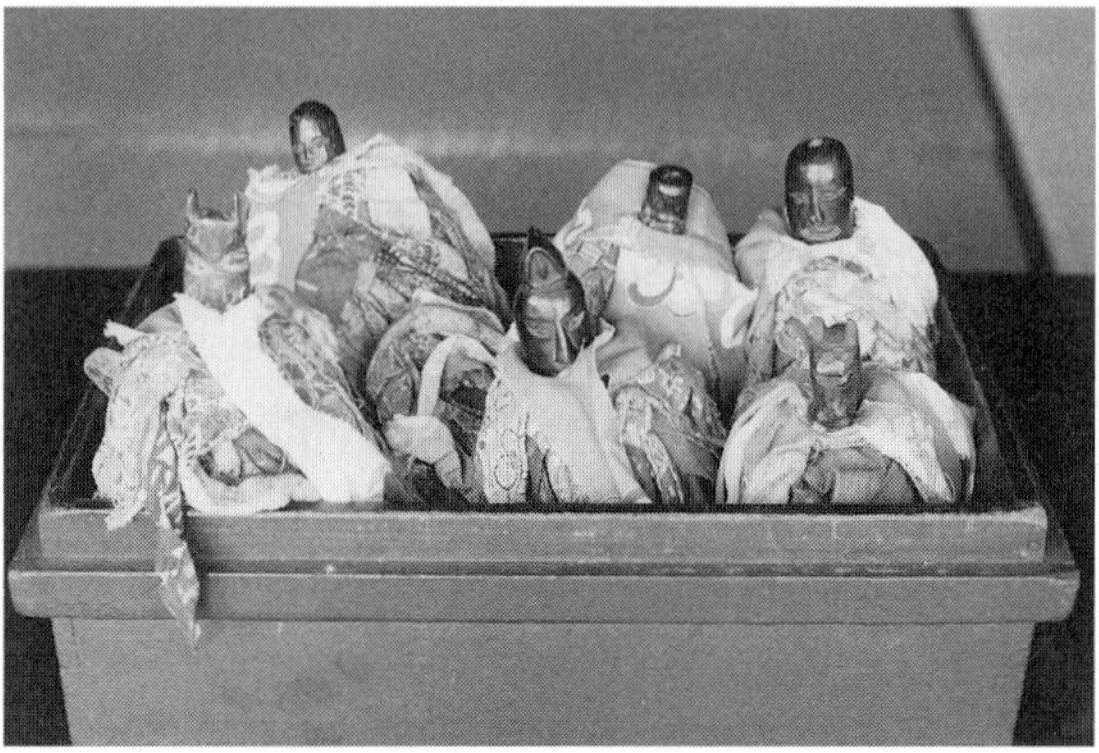

図22　遠野のオシラさん

両手に持って打ち振り、人形を舞わすように、一種の操りを行う所作をするのである。

昔は一家の主婦がオシラさんを遊ばせたが、いまではイタコという盲目の巫女が遊ばせる。そして正月十六日から三月十六日までのあいだに、オシラさんを祀る家々をめぐり歩いて、遊ばせるのがふつうになった。いつもは神棚に納めてあるが、この日ばかりは取り出され、白粉を縫って壇の上に祀られ、新しいオセンタクが着せられ、小豆餅が供えられる。

そのあと、イタコが昔から伝わる祭文を唱えながら、御神体を手にして遊ばせる。これが古来の神を招きおろす方法であった。このとき、イタコの口から農作物の豊凶や、家内の禍福など、いろいろのことについて託宣がある。

この「おしら祭文」のなかに姫と馬の恋物語がある。

昔、ある長者の家に天下の名馬が飼われていた。この名馬が観音の申し子であるその家の美しい姫を恋したため、長者は怒ってその首を切り、その皮を河原に干しておいた。三月十六日に姫が供養に行くと、皮はくるくると姫に巻きついて天高く飛び去ってしまった。翌年の三月十六日に、空から白い虫と黒い虫が降ってきて桑の枝にとまってその葉を食べた。白い虫の顔は姫、黒い虫の顔は馬に似ていた。これが蚕のはじめで、長者は糸をとってさらに富み栄えた。

という話である。この話はいろいろに語り伝えられ、

昔、あるところに爺婆と娘が馬を一頭飼っていたが、娘は年ごろになって馬と仲よくなり、ついに馬と夫婦になる。爺は馬を山に連れだし大きな桑の木に吊るして殺し皮を剥ぐ。皮は娘のところに飛んで行き、娘をさらって天に去る。ある夜、爺の夢に娘があらわれ、自分のことはあきらめてほしい。そのかわり三月十六日の朝、土間の臼の中に馬のかたちをした虫がわいているから、馬を吊るした桑の葉を食べさせよ。そうすれば虫が絹糸を出して繭をつくるから、それを売って暮らせよ。

と教えたという。これはいわゆる「馬娘婚姻譚」の一つで、蚕神と馬の関係をものがたるものである。柳田國男翁の『遠野物語』第六十九話にもこの話は遠野に伝わる昔話として記されていて、オシラさんの蚕神としての由来が述べられている。

津軽地方では、三月十六日にオシラさんが良い種を持ってきてくれるといい、早朝に家の戸をあけておき、九月十六日に帰るので、お土産にハタチ餅を作ってあげる。オシラさんも、田の神・山の神とおなじく、春秋二期に去来されると信じたのであった。

福島県のオシンメさん、岩手・山形地方のオクナイさんも、実体は同じものであるが、関東地方や甲州あたりに伝わるオシラさんは、馬鳴《めみよう》菩薩の絵像を神体としている。

なお、弘前市の久渡寺は本尊十一面観音がオシラさんの本地だといってから、この寺がオシラさんの本山のようになった。旧四月十六日には、津軽各地からオシラさんをもち寄った信者が境内を埋め、イタコが随所にたむろし、参拝者の頼みに応じて、死者の口寄せをする。

ダケさん

大和には古くから「ダケ」あるいは「ダケ山」と呼ばれている特別な山があちこちにある。これらの山々は多く、

嶽の山に雲がかからねば雨は降らぬ

といわれ、日照りの年には、付近の村々から水をもらいに登るのがならわしになっている。

金剛山系の青く重い山肌が北にのびて、その果てに河内の空を背に、ふたつの峰をもって柔和な姿を見せているのが二上山、ふつうにはニジョウザンと呼ばれているが、古くはフタカミヤマと呼ばれた。北の高い峰を雄嶽、南の低い峰を雌嶽という。またこれを男女二神にも見立てている。

ふもとの村々では、この山をダケと呼び、

嶽の権現さんは幟がお好き、幟持ってこい雨降らす

という俗謡があり、幟・提灯を持って雨乞いのために、人びとは二上山に登った。嶽というのは、こうした水神的性格をもつ山である。

また、祈雨のための山登りとは別に「嶽登り」といって、周囲の村々から弁当を携えて嶽に登

り、一日を行楽に過ごすならわしもある。その日は四月二十三日。嶽登りをする範囲は「嶽の郷」と呼ばれ、俗に「嶽の水でご飯を食べる村」と表現され、嶽から流れる水をもって稲作をしている村々である。吉野の竜門地方でも、竜門嶽を「ダケさん」と呼ぶ。この山は神さんの山で、いつも動いているという。三月十七日に嶽登りをする。

東吉野地方の高見山麓の村々も、高見山をダケと呼び、嶽登りがさかんである。ここでは四月八日と八月十五日の二回行われる。大和と伊賀の国境にある神野山はツツジの名所として知られているが、八十八夜の日に嶽登りをする。東山中ではもっともにぎやかな行事である。やはりこの山に登る村々を「嶽の郷」という。

図23　柔和な姿の二上山

ダケさんは、もともと神聖視されていた。この山には神が住み、ふだんは禁足地として、村人に崇拝されていた。したがって、ふだんダケに登ることを忌み、登る日を限っていたのである。その日はダケから神を迎える日であった。

大和の嶽登りは、全国的に見られる春の「山遊び」と同じ内容で、一定期間おこもりをし、山の神を里に迎えるために赴き、そこで神人共食の儀礼を行うことであった。

ダケさんは神の降臨する山、山の神もしくはそのおわす山。ここに降臨する神は祖先神であり、ときに山の神、また田の神となるのであった。

寄り神さん

渥美湾の豊川の河口を中心とする沿岸一帯は、寄り神の信仰のもっとも濃厚なところ。寄り神は、海から流れ寄ったという伝承をもつ神である。

渥美半島の根っこ、湾に面して大きく入り込んだ入り江の奥にある老津の村（豊橋市老津町）。ここの若宮の海中にある石船という岩（一名、木履石）は、昔もろもろの神が海を渡ってきたとき、乗り捨てておいた船だという。いまは海中に沈んでいるが、その舳先と見える部分が、旧暦三月節供の大潮には、海上に姿を見せていたと伝えられている。

この地にきた神々は、老津村中北の七兵衛さんの家に立ち寄ったが、そのとき休んだという、腰掛け岩と称する岩がいまもある。池上の神別坂は、神々が七兵衛さんの案内でここまできて、一部の神々は神戸村（田原市神戸町）へ赴き、他の神々は石巻村（豊橋市石巻町）にいったので、この名があるという。

石巻へいった神は、そこに落ち着き、石巻大明神として石巻神社に祀られた。石巻までは牛車に乗ったので、石巻の長彦や老津では、牛を食べることを忌み、村中牛を飼わなかったという。

豊川市小坂井町の兎足大明神も、はじめ柏木の浜に安着し、善福寺境内に宮を営んだ。あるとき蹴鞠を催し、鞠が庭の梅の木にあたって、みな実が落ちてしまった。それからこの梅の木の実がつかなくなったので、善福寺の「ならずの梅」といって、ながく植えつがれた。同じく豊川市御津町の御津明神も、海のかなたからやってきて、ここの浜に上ったという。そのとき、大塚の漁民が渥美湾で初漁した烏賊を献上したので、いまも御津神社と御舳玉神社の春祭には、生きた烏賊をたくさん奉納し、氏子はみな、この烏賊祭がすむまで烏賊を食べないならわしがある。

図24　兎足神社本殿

前芝村（豊橋市前芝町）にある権現の池は、熊野から神々が船で着いたところといい、その神々は御津町の佐脇神社、豊橋市魚町の安海熊野神社、同市牟呂町の熊太神社、老津町の熊野神社に祀られる熊野権現だといわれる。

豊橋市植田町の車神社の祭神は、海から上るとき船がくつがえったが、フグが神を助けたので、神社の森を「フグの森」と呼び、いまも氏子はフグを禁食する。同市本町に祀られる素戔嗚尊も、海からやってきて小浜に上ったという。

神戸村の久丸明神は、はじめ田原町（田原市田原町）の白谷の浜に上り、老津を廻って神戸に入った。杉山（田原市杉山）の百の神の釜穴も、久丸明神の着いたところだと伝えられる。海辺近くに住む古代人は、天空と海との一線に接するかなたに、常世《とこよ》の国があり、そこに民族の母なる世界を想像した。神霊の不時に、あるいは日を定めて忽然と人界にあらわれると信じたのであった。こうした寄り神の信仰は、海岸線に恵まれたわが国の民俗、神霊来臨の信仰を特色づけるものとして注目される。

産神さん

出産の前後に出産の場を訪れて産婦と生児の安全を守ってくれる神があると人びとは信じてきた。常々神徳・御利益を信じて拝む神仏は、通常出産は出血を伴うことから一種の穢れとされ、出産の場とは隔絶されるが、産神だけは出産の場で立ち合ってくれる。この産神は個別単一の神ではなく、山の神・厠神《かわや》（便所神）・箒神・竈神・杓子神などさまざまな神が、産神として信じられている。

遠野をはじめ東北地方では、出産のはじまる予兆があると、夫が馬を曳いて山に向かう。途中で馬が急に立ち止まって嘶《いなな》くと、山の神が馬に乗ったとし、馬を曳いて家に帰ると、たちまちにして出産がはじまり安産すると信じられている。まさに山中他界観の表象である。出産はこうした山の神と井戸神と便所神が一緒にならねばはじまらないと広く信じられていた。井戸と便所は地下他界から現世への通路であり、そこで現世を見守ってくれるのが井戸神・便所神であるという考えにもとづいているのである。

日本人はまた霊魂は丸いものと信じていて、その象徴として丸石を考えた。したがってこの丸石も産神とされた。丸石は海の遙かかなたから波によって海辺に押し寄せたものであり、陸地においては海に通じる河原の丸石で、海上他界の神霊の象徴とされるのである。この丸石を産神として産屋に祀るのである。まさに日本人の海上他界観の重要な表象である。

なお、「産神問答」と称される昔話がある。人間は産神の力によって生まれてくるが、生まれるとすぐに産神の意志によって運・不運が定められているという話で、生まれた子の運命定めをする神々の会話を立ち聴くというモチーフをもつことから、この名称が冠されているのである。一例をあげると、昔、ある男が寺社や洞穴や海岸の寄木を枕にするなど宿りをしていると、その夜同じ時刻に生まれた男女児の運命定めをする神々の声がした。それは自分の息子と隣家の娘の話であった。その話は男児に運はなく、女児に福運があり、二人を夫婦にすればよいと産神が予言したので、男は二人を結婚させた。そして夫婦は裕福に暮らしていたが、どうしたことか夫は妻を嫌い家から追い出してしまう。すると福運のなかった夫はたちまちにして貧乏になったという。こうした子産み・子育てに関わる産神の関与についての話は、数々のバリエーションをもって語られ、伝えられたのであった。

箒神さん

箒は塵埃を掃き出し、また掻き集める用具であるが、上下を逆さまにすると、神霊が宿る依代として立てる松・杉・檜など常緑の木や竹笹などと同形になる。そうしたことから箒も神霊の宿る神聖なものと考えられてきた。囲炉裏や竈の周りで使う箒を荒神箒といって特別のものとして扱われたのもその一例である。

奈良県の東山中という山間部の村々では、大晦日に「福丸迎え」という正月の神さまを迎える行事がある。村はずれの四つ辻とか三つ辻など所定の場所で松明に火を点して、途中、河原や道端で神霊を象徴する丸い石を拾って家に帰る。門口を入ると「よう来てくださった」といいながら締め、箒で掃き寄せる所作をする。これは福すなわち正月の神霊を集め寄せることを意味している。ここでは「福丸」は福ないし福を授ける神と意識されており、それはほかならぬ正月神すなわち年神と信じられているのであった。

能の「高砂」では尉が熊手を、姥が箒を手にする。熊手も箒もともに神霊を寄せ集める用具であり、そこに神霊が宿る依代と意識していたのである。人間が長寿であることはその霊魂が再生強固になることである。そのため神霊を寄せ集めて人間の霊魂を補強するのであり、ここにおいても箒は重要な意味をもっている。「高砂」の場面で熊手も箒もいずれも逆さに立てて持っているのは、神霊の依代たることを表象しているのである。

このように箒は霊魂を寄せ集める呪具である。人が生まれることは他界から現世に霊がやってくることなので、箒神を産神として信仰し、箒神がやってこないとお産がはじまらない。常日ごろから箒を跨いだり踏んだり粗末に扱うとお産が重いと戒めるところも多い。また、出産にさいしては産屋の一隅に箒を逆さに立てて祀ったり、産婦の腹を撫でたりするところもある。こうしたことから箒神を産神とするのである。

ところで、長居の客がいて困って早く帰って欲しいときは、箒を逆さに立てるとよいという俗信がある。これも箒は神霊の依代であり、それが立てられることは祭場の標示であり、神事の営まれていることを意味するので、神事にかかわりのないものは退散させられるという。

便所神さん

便所は単なる排泄空間としての不浄な場所ではなく、むしろ井戸と同様に現世と他界とが通じる特殊な空間、すなわち人間の霊魂が通じ合う聖なる空間と人びとは信じてきた。したがって、そこには厠神・雪隠《せっちん》神・センチ神・カンジョ神など、さまざまな名で呼ばれる便所神が祀られる。雪隠雛と呼ばれる小さな人形を神体として便所の片隅に祀ったり、お札を貼って祀るところもあるが、具体的な神体を祀らないところが一般的である。今日の都市の住居の便所でも花を飾ったり立てたりするのは、たんに美観を演出するのではなく、便所神に手向ける真摯な作法である、便所神は一般には美人で奇麗好きな女性の神であるとされているが、ところによっては盲目であるとか、片手がないなどの言い伝えをもっていることも多い。それは神が他界から現世の人間の前に姿を見せるときは、人間の五体五機能より一つ欠けた姿で現われ、それが神性であるとかつての人びとは信じていたのであった。

ところで、便所神の祭日は長野県安曇野市明科では六月五日を、三重県熊野市では月の十日と二十九日としているが、こうした特定の祭日をもたないところが多く、正月や小正月に供え物をするのが一般的であるが、ことに正月には注連縄を張り、餅を供えるところが多く見受けられる。

なお、人間が生まれることは、他界から現世に霊魂がやってくることで、人が死ぬことは現世から他界に霊魂が帰っていくことである。井戸と便所はそのさいの重要な通路であると信じられてきた。そのため、妊婦が便所を綺麗に掃除すると良い子が生まれると信じられているところは多い。子供が生まれて七日目に便所に連れて行く雪隠参りが行われる風もあった。また、長野県岡谷市のように同年の者が亡くなったとき、便所に膳を供えて年取の作法をして、死者と年違えの作法をする風もあった。まさに便所は聖所である。

井戸神さん

志摩（三重県）も太平洋の荒波をまともにうける志摩市大王町船越では、かつて一つの井戸で、戸数二百戸、人口千人以上の生命を保っていた。近年は簡易水道などを引くところが多くなったが、かつては志摩ならずとも、海島漁村や火山地帯では、あちこちに見られる状況であった。

海岸べりから入った路地の奥。石垣で囲まれた家の片すみにひっそりとある井戸。水桶を頭に、井戸水を運ぶ女の姿。老人が水桶を一荷ずつ運ぶ情景。これがかつての海辺の村の一つの風物詩であった。水は日常生活になくてはならないものである。それだけに水に対する信仰は深く、井戸には井戸神さんという水神さんが祀られた。また水の恩徳から泉の出現を神仏の御利益に結び付けて考え、神井戸・寺井戸・弘法井戸・不動井戸などといってさまざまな伝説を伝えてきた。

志摩の井戸神さんの御神体は、打ち寄せられる波にもまれて、角がとれたひょうたん形の丸石である。海辺でこれを発見したものがもち帰り、井戸のかたわらに石の壇をつくり、石屋根をしつらえて丸石を納めて祀った。

また、崖近くの井戸などでは、崖を一尺四方ぐらいにくりぬいて祭壇にしている。だれかれなく、丸石を見つけたものはみなもち帰って祀るので、二十個、三十個もの石が祀られていることがある。

日本人の遠い祖先は、海のかなたに「魂のふるさと」があると信じた。そこから寄りくるタマは神であり、海辺に寄せられる玉石、丸石がタマの象徴、神は石の形であらわてくるという信仰が、井戸神の神体にありありと偲ばれる。

かつての人たちは、井戸神には日ごろから敬虔な態度で接していた。船越でも、井戸に集まる女たちは、まず井戸神さんに水を一杓献じたのち、はじめて自分の桶に水を汲み入れたというし、正月の「若水迎え」には、まず餅を井戸神さんにお供えし、最初汲み上げた一杓を献じ、汲んで帰った水は各家の神さんに供えたという。

七日盆にも井戸神さんに関する作法がある。七月七日の井戸替えは各地に見られる風習であるが、井戸水をかい出し、新しい水をためて井戸神さんを祀ろうとするものである。京都の北白川あたりでは、盆前に井戸へシキミの枝を吊り下げておき、十三日にそれを仏壇にもっていって立てた。それが仏迎えである。霊が地底から井戸を通じてかえってくると考えてのことである。深い穴が黄泉《よみ》の国に通じる道と考えられた。古い信仰が井戸についたものである。

なお、信州南端の遠山地方では、竪に掘り下げた井戸はなく、イドというのは堰水のことで、イドバタといえば、家の前の溝の洗い場をさしている。中国地方ではイドをカワと呼ぶところも多く、もともと川も井戸も同じ機能をもっていた。したがって、洗い場や水屋、あるいは筧をもって谷水を引いた水槽にも、水神をはじめいろいろの神が祀られている。

竜宮さん

志摩（三重県）は海女《あま》の国。鋸の目のようなリアス式の海岸、志摩半島の突端の東海岸から南側にかけての一帯、多くの海女の村が点在する。このあたり、アワビ・サザエ・ワカメ・テングサなどがよくとれる。波の静かな晴れた日の海は、白衣をまとった海女が、青い海にもぐる姿を、ここかしこに見ることができる。鳥羽市国崎の伊勢神宮の御厨《みくりや》で、遠い昔から御贄《ぎょし》を進上した志摩の海女は永い歴史をもっている。

海女の作業は、女の仕事としては相当きつい。また、サメに食われたり、海女の休む日に一人でもぐって死んだ人の話など、遭難話が多く伝えられていて、危険な仕事である。海女たちは、磯髷《いそまげ》や眼鏡のひもや首に、いろいろのお守りをいつもつけている。この魔除けとともに、海の神さんである「竜宮さん」、すなわち竜王の信仰はきわめて厚い。

船から竜宮さんにと称して、御神酒を海に注ぐ作法をすることもあれば、浦の内にある島や暗礁を、「竜宮さん」と呼んで祀っているところも少なくない。志摩半島の南端、英虞《あご》湾を抱えこむように西に突き出た岬、志摩市志摩町御座の浜の竜宮さんはその代表、竜宮さんの正面には、祭壇と石造りの花立て一対が立ち、その両脇には大きな石柱が立ち並び、竜宮さんの神域を画し

図25　志摩半島突端御座海岸の竜宮さん

ているようである。そのあいだに石の地蔵さんが一基、岸を向いて立っている。海の安全は引き受けたと、ほほえみかけているかのようである。干潮のとき、竜宮さんはくっきり姿をあらわしているが、やがて潮が満ちてくると、すっぽりと波間に姿を隠してしまい、あたかも竜宮さんが竜宮城へ帰って行くかのような錯覚さえ感じさせる。

　ここには、豊玉姫が竜宮からサメに乗ってきて、途中でワニに乗りうつり、磯の岩に上ったという伝説がある。この岩がいまの竜宮さんの暗礁かもしれない。

　竜宮さんの祭は、あちこちで日もまちまちで行われているが、志摩市阿児町安乗《あのり》では、正月の元旦、水平線に太陽が姿を見せるころ行われる。砂浜には、蜜柑がたくさん枝に串刺しされた大きなサカキが立てられる。田道間守が常世国に求めに入った非時香菓の再現かとさえ思わしめる。八十八の土器に五穀を盛り分けて供え、みな羽織・袴で浜辺にぬかづき、大漁の祈願をする。そのあとサカキを倒して、倒れた方角によって、その年の漁を占うという。年頭にあたって八大竜王を祀り、その神意を占う儀礼であろう。

なお、志摩地方の漁民・海女の信仰を集めている青峯山がある。真言宗正福寺があり、もともと海上安全の祈禱寺であった。海抜三百メートル以上あるが、不思議にどんな日照りにも水はかれない。水のわくところには注連縄が張られ、池には蛇が泳いでいて、いかにも水神を思わせる。この地方でもっとも高い山で、漁撈上の目標となる実際上の必要性とともに、水神さんとしての信仰から、漁民が深い信仰をよせるようになったのだろう。

竜宮さんは、単に海辺に住む人たちだけでなく、村里や山深い里に住む人たちにも信仰されていた。昔は隠れ里といわれる神秘な土地があって、そこには平和でなに不自由のない暮らしがあると、人びとは理想郷を夢に描いた。なにか欲しいものがあれば、すぐさまそれが与えられるという「椀貸し伝説」と名づけられる話は、それをよくものがたっている。この伝説は中部地方の富士川・天竜川など河川の流域に多い。

岐阜県中津川市加子母の竜宮淵に、昔、一人の美女が住んでいた。村人は竜宮の乙姫さまの使いといい、膳椀のたぐいを借りることを願えば、数に応じて水中から出して貸してくれた。しかし、ある人が借りた椀を破損したまま返したのでそれから貸してくれなくなり、美女の姿も消えたと伝えている。

愛知県北設楽郡の「椀貸し淵」には、昔、大蛇がいて、村人に必要なだけ膳椀を貸してくれた

の上にそろった。寺の釣鐘もそこから上がったものという。

「膳椀淵」は、長興寺の裏一丁ばかり、矢作川にのぞむ竜宮と呼ばれるところ。昔、ここが深淵で、住職がそこで読経して、欲しいものの名を書いて投げ込むと、すぐその品が浮かび上がり岩の上にそろった。寺の釣鐘もそこから上がったものという。

長野県南佐久郡の竜宮淵は、村人が人寄せのあるたびに、膳椀何人前借用したいと書いて淵に入れておくと、翌朝それだけ浮かびでていた。使用後は礼をのべて返すと、淵に沈んでいった。たまたまある人が椀をこわして捨て、詫びも言わずに返したから、そののちいくら頼んでもでなくなったという。同じ郡の「七曲がりの淵」とよばれるところにも同じ話が伝えられている。

福井県大野市には「宝器ノ淵」というところがあり、昔、村人が諸什器を借りた。同市には「道具が淵」というところもあり、土地のものに限り、日時を決めて願うと足りない家財道具を貸してくれた。あるとき壺椀一つを忘れて返さない人があって、坪内の姓を得たという。

山梨県西八代郡市川三郷町鴨狩津向の広前寺には、椀貸し伝説のある洞穴があるが、ここでは洞穴の奥が竜宮ではなく、地獄から貸してくれることになっているのがおもしろい。

膳椀よりもっと貴重な宝をもらった話も、山梨県上野原市にはある。昔、百姓が山仕事に行き、杵木岩から淵へ落ちて沈んだ。すると突然、乙女があらわれて宝珠をくれ、だれにも見せずに持っていて、欲しい品を紙に書いて淵に投げると、なんでも得られると教えた。男は村に帰ったが、言われたとおりにして、またたくまに富裕になった。しかし留守中に女房が秘密の宝珠を見てしまったので、男はもとの貧乏になり、宝珠はただの石になってしまったという。これらの伝説はみな共通していて、膳椀を貸してくれる主が、美女とか大蛇・河童・淵の主など、水の神あるいはその化身と信じられているもので、淵の底は竜宮で代表される異郷に通じていると考えられている。日本人の古い水神信仰の一面をよく伝えているといえよう。

船霊さん

三河湾・伊勢湾の沿岸や離れ島は、古くから沿岸漁業・近海漁業を営む漁人が定住し、大小さまざまな漁村のひらけたところ。朝な夕なに、多くの漁船が港に出入りする。しかし、ここで暮らしをたてる人たちは、「板子一枚下は地獄」、たえず危険に身をさらさなければならない。それだけに、神仏への加護の依頼もまた強い。「草木みなものをいう」とする古い時代にあっては、漁の道具一つ一つに神霊が宿ると考えた。船には船霊が、網には網霊が、と。これらの信仰が、今日まで一貫して漁民の生活に流れている。

船霊は船の守護神として、漁師や船乗りがいちばん深く信仰する神である。知多半島の尖端、知多郡南知多町豊浜の須佐・小佐は小さいながらも、円形に陥没した湾頭にあるよい漁港。ここの船霊さんの神体は、男女一対の人形、銭十二文、女の毛髪、双六の賽二個。

人形には紙の着物を着せ、女のほうには口紅や白粉もつける。銭十二文はいまでは五円硬貨をもって代用するが、閏年は十三枚、十二は一年十二ヶ月をあらわすものというが、多くの地方で船霊は「十二フナダマ」と呼ばれるし、熊野十二社権現の信仰との関係から、熊野十二社の船霊をいうのだろうとも推測される。毛髪は船主の妻女の鬢の毛二、三本で、賽は「天一地六向こう

三三、前四合わせ、中に二（荷）を積む」と、一を上に向け、六を下にし、表に三の目、艫に四の目が向くようにして、二個合わせるのがふつうである。これらの御神体は、縦三寸二分、横一寸、厚さ一寸八分の柳の箱に納められる。

御神体を船に乗せるのを「お性根入れ」といい、一般に船卸しのときに行われる。その日は潮の満干や日柄によって決められ、神主の浄めの儀に従って、船大工が中央の帆柱のところにはめ込む。これで船に霊が入ったことになる。進水すると船を左右に大きくゆさぶる。潮水を浴びせることによって清める作法という。そして港内を三度回り、船霊と海の神に御神酒や洗米をささげ、祈念する。

ここでは女性の毛髪をもって御神体とするが、鏡・簪《かんざし》・櫛・笄《こうがい》など女性の持ち物を入れるところもあり、船卸しに船頭の妻や船主の娘を儀礼的に乗せるところもある。もともと、船そのものが女性であるとする信仰は、古代諸民族のあいだにも見られ、船の守護神も女性、その司祭者も女性と考えたのであろう。日本の祭の司祭者が、古くは巫女であったこととも考えあわせられる。また「船霊がいさむ」とかいい、海上にいるとき、船で異様な音のするのを、船霊さんのお告げとする伝承がある。この知らせの音は船ごとにクセがあるという。

なお、漁業・航海の神には、船の神である船霊のほかに、海の神としての竜王、漁の神としての恵比須の信仰がある。日和山に恵比須さんの祀られているところがよくあるし、小高い丘全体が竜王さんの祭場となっているところもあり、地域的な漁業神として、伊勢・志摩・三河では青峯さんが深く信仰されている。

宗像さん

わが国においては、縄文時代における生業活動として、狩猟・漁撈・採集がさかんに行われていたことは周知のところである。長いあいだこうした生活を営んだ山民や海人は、国家形成に関してもそれぞれ役割を果たしたのであった。神武天皇が九州から瀬戸内を通って難波にいたるとき、その水先案内をつとめたのが椎根津彦なる漁民（海人）であり、また、神武天皇が熊野から大和に入るときに道案内をつとめたのが菟田の弟猾などの山民であったことは、『古事記』や『日本書紀』の神武東征伝説などにみえるところである。

いまそのうち海人についてみると、十世紀に編纂された『和名抄』によると、豊後（大分県）・安芸（広島県）・阿波（徳島県）・淡路（兵庫県）・紀伊（和歌山県）・尾張（愛知県）・武蔵（東京都）・上総（千葉県）などの太平洋岸の国々、肥後（熊本県）・筑後（福岡県）・隠岐（島根県）・丹後（京都府）・越前（福井県）などの西九州から日本海岸にかけての国々に、海部郡あるいは海部郷と称する海人の住んだ地域が分布したことがわかる。

これらの海人は、すでに三世紀成立の『魏志倭人伝』に潜水漁撈を行う倭の水人のいることを記しているように、古くからさまざまな漁撈を行っていた。それらの海人にはいくつかの種類があるが、その一つは海岸に居住して漁撈を中心とした生活を営みながら、一方では背後の陸地に土地を持ち、農耕にも従事するという半農半漁型の海人である。彼らは陸地の占有権を持ったところから、郡と郷を形成したのであった。海部郡・海部郷として『和名抄』に記されている海人は、そうした性格をもつものであった。もう一つは海岸に居住しながらも海への依存度が高く、もっぱら漁撈に従事して生計をたてる海人で、専漁型ともいえるものである。したがって、彼らは郡も郷も形成することがなかったので、実際『和名抄』に記された国々のほかにもたくさんの海人が存在したはずである。

こうした多くの海人のなかには、朝鮮半島や中国東海岸から渡来したものも多く、漁撈技術や文化をわが国に持ち込んだのであった。『日本書紀』仁賢天皇六年の条にみえる、難波玉作部鯽《なにはのたますりべのふ》魚女《なめ》が韓白水郎嘆《からまのはたけ》に嫁いで哭女を生んだ話や、『伊予国風土記』逸文にみえる乎知《おち》の郡《こおり》御嶋《みしま》(大三島)に坐す大山積神は百済からの渡来神とする話などは、朝鮮半島との交流をものがたるし、『日本書紀』『万葉集』『肥前国風土記』『豊後国風土記』などに海人のことを白水郎《あま》と記していることからも、中国東海岸の水人たる白水郎とのかかわりが認められるのである。もちろん、わが国から朝鮮半島などに出て行く海人も、対馬・壱岐や西九州の海人のなかにはあったはずで、のちの朝鮮李朝初期の投化倭人などはその系譜に連なるものであった。

ところで、海人のなかでもっとも重要な地位を占めるのは漁撈活動を行う漁人である。ごく当初においては漁人だけであっても、その収穫魚介類を自給用だけでなく、売りさばくことが行われるようになると、いわゆる通商航海を行うものも現われてくる。『魏志倭人伝』に倭人が航海にさいして、渡海の成否にかかわるタブーに服する持服《じふく》の習俗のあったことを伝えているのも、一種の商業活動のための航海が行われていたことをものがたっている。

こうした漁業や海運に従事するものにとって、山アテはきわめて重要なことであった。航行する船が海上の位置をきめるのに、近くの山頂を目じるしにする方法である。したがって、その山にたいする信仰は深く、そこには航海の安全を加護するさまざまな神が祀られた。陸中気仙沼海岸の地方では、「帆かけ七里、船がけ三里」といい、船の姿の見える範囲は三里以内で、帆影の見える範囲は七里以内といっている。この帆影の見える範囲にいる船をカタフネといい、もしカタフネが難船・破船その他の事故にあって助けを求めることがあれば、かならず救助せねばならないとされている。この範囲はまた山アテの山の見える範囲であった。だから山アテの山が見えなくなると、もう神は守ってくれないと信じ、その山が見えない沖まで漁にでたときは、山の見えるところまで漕ぎ返すとほっとするのである。

丹後地方では、沖から見てくっきりと浮かぶ山の頂と、もう一つの山の頂を見て、その延長線の範囲を出漁する範囲ときめているところがあるし、手前の山の頂と、その向うのさらに高い山の頂が重なって見える一直線上を漁の目安としたり、航行の目標とするところがある。また丹後の漁民は、年寄からたえず「魚は海にいるとは思うなよ、山にいるものと思え」と教えられたという。これは山を目あてに漁場を知ることであった。東京湾の漁民のあいだでも同じことがいわれ、房総半島沿岸の場合ならば、海上から望まれる鹿野山や鋸山などの山と、海岸の他の目標との重なり具合や離れ具合などで魚の棲息地を知ったり、船の位置や危険水域を判断したのであった。

陸地ははるかな沖合いに出漁する漁民や航海する人びとにとって、底知れぬ大海原はすでに人の支配のおよばぬ、海神や竜神など神々の支配する異界と考えられた。海人は暗黒の海底にたいする恐怖から、幻視・幻聴を体験することも多く、舟幽霊・海難法師や亡者舟、海坊主や海女房など妖怪の出現も体験した。そして、後世「板子一枚、下は地獄」といわれたように、海人の生業は命がけであった。そのため、どうしても難船・破船を避け無事航海をなしとげたいと、航行の安全を祈り、神々の加護を求めたのであった。その祈願の対象とする神々は各々の信仰する神々であり、山アテの山や日和山に祀られるさまざまな神であるが、もっとも代表的な神が、古くから海神として崇ばれている宗像三神・住吉三神・大物主神などである。

田心姫神《たこりひめ》・湍津姫神《にぎつひめ》・市杵島姫神《いちきしまひめ》の三女神は、宗像大社（福岡県宗像市）に祀られるため、世に宗像三神という。この三女神は『古事記』『日本書紀』の神代巻の記述によれば、天照大神と素戔鳴尊《すさのおのみこと》の天安河《あまのやすかわ》の誓約にさいして誕生し、天照大神によって「汝三神、宜しく道中に降居して天孫を助け奉りて、天孫に祭《いつ》かれよ」と命ぜられた神々である。この三神の祀られた地が、九州本土から朝鮮半島にいたる海上交通の要衝に位置しているため、古くから海上交通者や漁業従事者などの信仰を受けていたが、神功皇后の朝鮮半島出兵にさいして神験があったというところから、国家の重大事があることに勅使（幣使）が派遣されたため、その信仰はいっそう深まり、また広まった。

この宗像三神はそれぞれ三宮に分かれて辺津宮《へつのみや》に市杵島姫神、中津宮（大島）に湍津姫神、沖津宮（沖ノ島）に田心姫神が祀られている。一般に宗像大社といえば辺津宮のことをいっている。この祭祀地宗像市田島は今日内陸に位置するが、『筑前国続風土記拾遺』によれば、「往昔此村は江海の浜にして、東南北の三方は皆潮水をたたへて、田島川の上、土穴・稲本村等の辺迄遠く入海也」といい、まさに大陸からの玄関口としての玄界灘に直接面した辺津であり、海神として崇ぶにふさわしいところに位置していた。北方の玄界灘に突きでる鐘崎は『万葉集』に「ちはやふる鐘の岬」と詠まれた岬で、宗像大社の境外摂社織幡神社が祀られる。『延喜式』神名帳では、宗像三神をともに名神大社としているが、この織幡神社も延喜式内社名神大社である。また、このあたりは海女の発祥地とされ、対馬や能登の海女もここからでたと伝えられている。

田島川の河口神湊《こうのみなと》から西北約一〇キロのところに筑前大島がある。この島の東海浜にせまった丘陵の上に、辺津宮と向かいあう姿で中津宮が鎮座する。この社はかつて拝殿がなく、清砂に跪いて礼拝したもので、海浜の社の姿を偲ばせるものである。またこの島は、古来玄界灘漁業の根拠地で、漁民の信仰もきわめて厚かった。

大島からさらに五〇キロの沖合、玄界灘の真只中の沖ノ島に沖津宮が鎮座する。『古事記』に「多紀理比売命は胸形の沖津宮に坐す」といい、沖ノ島は奥津島とも称された。この島は原始林に覆われ、周囲が断崖絶壁をなしており、全島が神域で古来不言島といい、人びとの近づくことを許されなかった。また島のことは絶対口外してはならず、一木一草たりとも島外に出せば禍を招くと厳に戒められた。

住吉さん

難波の海が、大和朝廷の門戸として重要性を帯びてくると、墨江の津（住吉津）が開かれ、住吉の神を崇拝し、摂津葦原（神戸市）の地から住吉明神を移した。いまの住吉大社がそれであるという。その祭神は、よく知られるように、表筒男・中筒男・底筒男の三神と神功皇后である。この住吉の三神は、もともと南方から移住して、西日本から朝鮮半島にかけて広がったワダツミ（海神）を奉ずる一族であったが、神功皇后の新羅出兵にさいして海上案内をして戦功のあったところから、航海の神として崇められ、ワダツミの神から独立してツツノヲ神として祀られたのであるという。

『住吉大社神代記』のはじめの部分に、「斎垣の内の四至」として、「西を限る、海棹の及ぶ限」とあるように、創建当初は直接海に面して建てられ、舟の行く限りの海面すべてを境内としたのであった。これはここに鎮座する神が海洋の支配者であるということを具象化して表現している。

天平十一年（七三九）三月、石上乙麻呂が罪を得て土佐国に流されたとき、その妻が、

かけ巻もゆゆし恐こし　住吉の荒人神　船の舳にうしはき給ひ　つき給はむ島の崎々　より給はむ磯の前々　荒き浪風に遇はせず　草づつみ疾あらせず　速けく返し給はぬ　本つくに

図26　海神住吉四殿と太鼓橋・高灯籠を背景に描く船絵馬

べに

と詠んでおり、住吉の神が早くから航海の守護神として信仰されていたことがうかがえる。

　ところで、近世内海航路が開発され、寛文十一年（一六七一）に東廻り航路、同十二年に西廻り航路が開かれてより、東西の諸物資が船によって運ばれ、千石船などの北前船がさかんに航行したが、「板子一枚、下は地獄」という命がけの稼業であった船乗りたちは、どうしても難船・破船を避け、無事航海を遂げたいと、神仏の加護を求めて神々に航海安全の祈りをささげた。そうして奉納された船絵馬が、瀬戸内海から北陸地方にかけての沿岸の寺社にたくさん奉納された。ひとり北前船航行の沿岸ばかりでなく、それぞれの近海廻船あるいは漁業に従事する人たちも船絵馬をあげ、それは熊野や南海・西海にも多く見られる。

こうした船絵馬は、船そのものをいろいろの角度から描いたり、さまざまの情景を描いているが、背景に住吉大社を描いたものが多い。兵庫県赤穂市坂越の大避神社の船絵馬は、帆送する船が多く、「住吉丸」の旗を立て、そのかなたには、太陽をいただいた住吉の社殿や境内、社叢が描かれている。福井県南条郡南越前町の八幡神社の船絵馬には、正面中央に自らの船を描き、左側遠景に住吉大社と鳥居、有名な住吉の反橋、高灯籠を、手前に天保山の灯台と澪標《みおつくし》を描き、画面中央上部に瑞雲に乗った住吉と船霊の二神を配した図柄がある。ここまで住吉の情景を細く描いていないにしても、住吉大社の社殿四社の遠望や高灯籠を背景に描く船絵馬はきわめて多く、それが船絵馬の一つの形式ともなっている。また奉納される神社や寺院が、住吉の神とまったくかかわりのない神仏であっても、住吉の神や社殿が描かれて奉納されることに、なんのわだかまりも感じないほどに、住吉の神と船絵馬は密接なものになっている。このことは、住吉の神が海上安全の守護神として、廻船・漁業に従事する人たちに、いかに深く信仰されていたかをものがたっている。

高灯籠はまた、船絵馬の背景で住吉を描くものにはかならずといってよいほど見られる有名なものであった。住吉の浜の高灯籠は、鎌倉時代に漁民によって奉納されたもので、高さ一六メートルもあり、航海者の目印として灯を絶やさなかったという。住吉大社は、明石海峡とまったく同緯度に位置しており、西海や長門の方からくる船が、明石海峡にさしかかれば、あとは住吉の高灯籠の灯に導かれてまっすぐに東すれば住の江の岸、いわゆる住吉の浜にたどりついたのである。海神住吉の神は、現実的にも船の航行を安全に導いてくれたのであった。

高灯籠のほかに、住吉の境内にはたくさんの石灯籠があり、その数と高さにおいては他の追随を許さない。なかには一〇メートルをこえる高さのものもあり、多くは近世の海運業者や問屋仲買仲間が奉納したもので、航海の安全を祈願した奉納物が、そのまま現実の航海安全の助けとなったのである。

さて、かように住吉大社をめぐる信仰をみると、その海神としての性格から、住吉の神は海浜に鎮座し、海を信仰の場とし、一見山とのかかわりはないかに見える。しかし、実際は山の信仰と大きくかかわっていたのである。住吉大社の祈年祭と新嘗祭には、毎年大和の畝傍山の山頂へ埴土《はにつち》をとりに行く行事があり、これを「住吉の土取り」あるいは「埴土取り」といい、これがすまなければ祭は行えなかった。

維新前までは、祈年・新嘗両祭のおよそ十日余り前、住吉大社から正使・副使と箱持ちを中心に武装した供を従え騎馬で行列を組んで、大和の畝傍山に鎮座する畝火山口神社に赴いた。行列が畝火山口神社近くの橿原市雲梯町に着くと、そこの雲名梯神社(川俣神社)の前を流れる曾我川で身を浄め、神社で祭式の装束に着がえた。それでこの神社を「装束の宮」、川を「装束川」と称した。そこから畝火山口神社の宮司大谷播磨の案内で畝傍山に登り、中腹の「馬繋ぎ」というところで馬を繋ぎ、山頂まで徒歩で登り、「天の真名井」と称される霊水で手を浄め、榊の葉を口にふくみ、三摑み半で埴土をとる。埴土は淡墨色、米粒状で、これを小唐櫃に納めて帰る。この土をもって住吉大社の祭器がつくられるのである。その祭器は古来形がきまっていて、「埴土の甕《かめ》」と称し独特のものである。こうした「埴土取り」の使を「埴使」といい、『摂津名所図会』にもそのさまが記されており、『住吉松葉大記』の記事もそれとかわりなく、中世・近世を通じて同じ作法で行われていたことを知ることができる。いまは埴使が自動車や電車を利用しているが、埴土取りの行事は変わりなく行われ、埴土の甕もつくられている。

『住吉大社神代記』の「天平瓮を奉る本記」の条に、住吉の大神が天香山の埴土を取って八十《やそ》瓮《かめ》を作り斎祀に用いよと、神功皇后に詔されたことが記されており、もとは天香山で採取されたのが畝傍山にかわったのであるが、この変化は古代氏族の祭祀権の問題とかかわることである。それはさておき、畝火山口神社も祭神は神功皇后である。

こうして住吉大社が畝傍山に埴土取りに行くのにたいして、畝火山口神社からは吉野川の水を汲みに行く。畝火山口神社の夏祭、俗にいう「お峰デンソソ」には、「お峰山の水取り」といって、吉野川の神水を汲む行事があり、それがすまないと祭は行えない。いまは自動車や電車で行くようになっているが、維新前は神官大谷播磨が武装した十数名の供を従え、騎馬で壺坂峠を越えて吉野川畔の土田というところまで行った。吉野郡大淀町土田の川辺で周囲六、七メートルもある榎の大木のもとで祓をし、水を水取桶に汲んで帰社し、それを神前に供えるのである。この土田にも住吉神社が祀られている。

かようにみると、住吉の信仰は、住吉大社の埴土取りにも一斑がうかがわれるように、神功皇后伝説と相携えて広まり、その例は播磨・但馬地方に顕著に見られるところである。住吉の神の祀られるところは、たんに海浜ばかりでなく、内陸から山間にいたるまで広範囲にわたっていることは周知のところであるが、とくに山間に海神の祀られることには注目せねばならない。それはやはり根本に海に生きる人びとの山にたいする信仰を考えねばならない。このことは、住吉と同じく海神・航海守護神として信仰される金毘羅についてもいえることである。

金毘羅さん

こんぴら船々　追風に帆かけて
シュラ　シュ　シュ　シュ
廻れば四国は　讃州那珂の郡
象頭山金比羅大権現
一度廻れば……

の唄は全国津々浦々に流布し、親しく歌いつづけられ、往時の金毘羅旅情をまのあたりに浮かび上がらせてくれる。

金毘羅は梵語でクンビーラ（Kumbhīra の音訳）といい、元来、ガンジス川に棲むワニが神格化された神で、インドでは仏法の守護神とされていた。そこから金毘羅神が松尾山松尾寺の守護神として勧請され、一山の総鎮守とされた。そして金毘羅神は金毘羅大権現と権現号を称え、さらに大物主神（大国主神）を金毘羅神として崇め、主祭神としたのである。それは金毘羅の治績と大物主神の治績の伝承がきわめて類似していることと、金毘羅は摩訶迦羅すなわち大黒天という信仰から、大物主神と同一視した信仰がもとになったのである。

また金毘羅の宮殿は王舎城外宮毘羅《くびら》山にあったといい、それを訳すと象頭山《ぞうずさん》となるところから、後世、金毘羅鎮座の松尾山を象頭山と称するようになったという。この象頭山の山容と神秘的な叢林は、人びとをして神霊の棲む山としての意識をよびおこさせ、象頭山を「お山」と呼び、霊山として崇め、神体山として山の奥に禁足地としている。

「お山」一帯に鎮まる祖霊は、ときに山の神と信じられ、また水の神・田の神となって里に降臨し、農耕を見守ってくれると信じられた。そこから「お山」には竜王が棲むといわれ竜王神が祀られた。そして水田に水を潤してくれる農業神としての性格が金毘羅信仰の基調となった。さらに山の神の化身としての天狗の信仰も金毘羅信仰と結びつき、奥社の威徳巌の岩壁には二面の天狗面が祀られた。

また、山に棲む祖霊の火が心意的な航海の目安として古くから意識され、海上で遭難したときは金毘羅大権現の名を口に唱え、毛髪を切って海に投じたり、持ち物を海中に投げ入れれば難をまぬがれるといい、暗夜船の行く先がわからなくなったとき、この神を念じるときっとひとかたまりの火があらわれ、それを目安にすれば無事着岸できると信じられた。この火はほかならぬ山に棲む祖霊の火である。航行する船や漁船は海上の位置を決めるのに「山アテ」を行った。近くの山頂を目じるしにする方法で、象頭山は山アテに格好の山であった。それとともに、祭神大物主神が海上出現の神であることとあいまって、航海の守護神として金毘羅の信仰が隆盛となり、海運業者・船乗り・漁民に深く信仰された。高灯籠もこうした火と山アテの現実化した所産で、古くから航海神たる摂津住吉の高灯籠と並び称せられるもので、灯台の役割を果たすものであった。

金毘羅神は生業の守護神、疫病除け、火難・盗難・剣難除けの神としても信仰され、それにまつわる利生譚は数多く伝えられている。豪壮な絵馬堂に奉納されたたくさんの絵馬はそれを如実にものがたっている。水難を免れたお札、火難の被害をくいとめたお札、大漁満足のお札、賭博などの断ち事祈願の絵馬など、庶民のあらゆる祈願やお札の絵馬が掲げられ、

神徳の数絵馬堂に入りきれず

と川柳に歌われるほどである。また航海安全の祈願やそのお札に、各種の模型船や錨もたくさん奉納されており、実に多種多彩な信仰形態をもち、熱烈に庶民が信心しているのである。

瀬戸内海の航行がにわかに活発になってくる江戸時代中ごろから、金毘羅参りはいよいよさかんとなったが、その風潮にうながされて、金毘羅権現の霊験を説くものや、それを仇討ち物語にした金毘羅利生《りしょう》記を扱った作品もたくさんつくられ、宝暦（一七五一～六四）のころから大坂の角座や竹本座、江戸の肥前座などで芝居として上演され、それがまた金毘羅参りの盛況をうながした。そして金毘羅参りはお伊勢参りと並んで、庶民にとって一生一度の願いとなり、天保（一八三〇～四四）のころからは「丸金か京六か」といって、京都の東本願寺と並んで、天下の二大信仰地となった。

参詣者は全国から陸続と押しかけ、大坂をはじめ瀬戸内海沿岸の港には、参詣者を送り迎えす

る「金毘羅船」がはげしく出入りし、ことに大坂から出帆の金毘羅船は非常なにぎわいを見せた。江戸・東海道・中仙道・奥羽・京都をはじめ畿内からの参詣者はほとんど大坂にでて、そこから乗船した。大坂からの金毘羅船は多く淀屋橋の南詰から出帆し、道頓堀・日本橋・戎橋・島之内・長堀・土佐堀には、参詣者専門の「金毘羅宿」が軒を並べていた。この宿は金毘羅船と連絡しており、つぎの宿屋の紹介もしてくれた。

大坂を出帆した金毘羅船は「讃州金毘羅船」などと染めぬいた幟をなびかせ、追い風に帆をあげて瀬戸内海をシュラシュシュと渡る。船中、瀬戸内の風光をながめながら、酒を酌み交わし弁当に舌鼓をうち、お国自慢や世間話に花をさかせたり、ユーモラスな情景を見せたのであった。

船は多く讃州丸亀港に着き、そこから丸亀街道を琴平に向けて足を運ぶ。いまも丸亀港に立つ灯籠には、江戸の人を中心に関東から四日市までの千三百五十七人の名前と住所が連ねられ、金毘羅船がさかんに出入りした往時を偲ばせる。俗にいう『金毘羅道中膝栗毛』や『金草鞋』に剽軽な金毘羅道中を綴った、かの十返舎一九も丸亀の大黒屋清太夫の宿に泊まってのち、丸亀街道を南して金毘羅に参ったたし、『諸国名所記』や『六十余州名所図会』に象頭山遠景などを描いた安藤広重、金毘羅神域に多くの襖絵を描いた円山応挙、

象の頭の笑ひかけたり山桜

と詠んだ与謝蕪村、

おんひらひら蝶も金毘羅参哉

などの句を詠んだ小林一茶もまた一度はこの街道を歩んだのであろう。

丸亀街道のほかに、多度津の港から多度津街道、伊予松山の城下からは伊予街道、高松街道や阿波街道と琴平に向かって「金毘羅街道」が通じ、その道筋には大名をはじめ文人墨客・役者・俠客・関取や、諸国の商人ら参詣者が寄進した灯籠・鳥居・道標・丁石などが今も三百あまり残っていて、金毘羅道中の盛況をものがたっている。

図27　天狗面を背負う金毘羅道中・沼津
（安藤広重『東海道五十三次』より）

参詣者のなかには「金毘羅行者」といい、白衣に手甲・脚絆をつけ、天狗面をつけた笈を背負った姿の人たちも多かった。金毘羅神の鎮座する象頭山が、霊山として山の神の棲むところとする信仰から、金毘羅の天狗信仰が生まれ、天狗面の笈を背負ういでたちが金毘羅行者の姿となった。安藤広重の『東海道五十三次』沼津の景や『京都名所図会』淀川の景に見られる天狗笈を背負った

図28　流　し　樽

人物も、おそらくこの金毘羅行者であろう。

　金毘羅行者には各地に組まれた「金毘羅講」でそろって参詣する講参りや、何人かが交代で参る代参の風もあったし、自分が参れないとき特定の個人に代参を頼んだり、飼い犬に代参させるという変わった風習も生まれた。犬の首輪に路銀と賽銭を結びつけて旅に出すと、これを見た金毘羅道中の人がその犬を連れて無事参詣をすませ、お札を首につけてやりまた帰路にだれとはなしに連れられて飼い主のもとに戻っていったという。これを「金毘羅狗」と呼ぶ。

　また遠隔地に住むものや、瀬戸内海を航行中のものが、金毘羅宮に初穂や賽銭を献上するのに、それらを樽に入れて「奉献金毘羅大権現」と書いた旗をつけて川に流したり海に投げれば、付近の漁船がこれを拾って本社まで運び、代参してくれる風習があり、これは今も行われていて、金毘羅独特の代参風景となっている。これを「流し樽」「流し初穂」と呼ぶ。

市神さん

わが国における市の起源はすこぶる古い。すでに『魏志倭人伝』にも、諸国に市があって交易されたことが記されている。のち、こうした市には、交易守護神の市神が祀られた。市神は人びとに市の幸を与えると信じられた神である。

市神は今日、山形・山梨・長野地方で集中して信仰されている。御神体は楕円形の自然石が多く、傘石をのせた六角柱のもの、繭形のものなどがある。なかには「市神」と刻んだものもあるが、これは比較的新しい御神体である。

山形県西村山郡大江町左沢や、北村山郡大石田町の市神は、丸い玉石であるが、正月に若者が持ち歩き、置かれた場所で米価の上がり下がりを占ったという。古い時代の市が開かれた場所を示唆してくれる。新庄市十日町の道中に、半埋めになった市神があって、昔、一月十五日、遊女がここで賽銭を投げつけ、参詣者がこれを争って拾う行事があった。明治になって、湯殿山境内に移されたが、そののちも市神跡に賽銭を投げる人が絶えないので、別にまたもとの路傍に市神を祀ったという。

信州松本の市神は自然石か木像であるが、深志神社境内の市神は、正月十一日の初市に、塩を撒いて参詣者がそれを拾う風があり、初市を塩の市とも呼んだ。三角の袋に入れた塩で、それを小正月の粥に入れる。上杉謙信の旧恩を偲んだという。安曇野市豊科には上・中・下の三つの市神があって、一月十五、十六日の祭日に、若者が市神を担ぎまわった。昔はこれを飴市と呼んだ。

山梨県都留市十日市場・四日市場・南巨摩郡身延町八日市場、北杜市須玉町の若神子宿二日市の街道では、どの市神も玉石か自然石で、なかには道祖神と並び祀られているものもある。

いまでこそ市神は、屋敷の一隅や神社境内に追いやられたものもあるが、もとは村境や路傍の、しかも往来の妨げにさえなるようなところに、わざわざ立てられていたようで、土地の区画を管理する神としての性格もそなえていた。その祭場が市の場であり、交換行為は一種の宗教行事に近かったらしい。

新潟県岩船郡関川村下関の市は、大国主命を市神とし、年初めの市開き、歳末などに祭られた。ところによっては、市神の祭が氏神の祭などと合併されたところもあるという。

市神は、古歌に、

　市姫の神の斎垣のいかなれや商物に千よを積むらん

と詠まれ、女性神として市姫と称した。そしていまも市杵島姫を祀るものが多い。しかし、市神を事代主神とか地蔵尊あるいは恵比須・大黒など、思い思いに名づけているところも多い。これは人間の商業的利益よりも、宗教的色彩の濃かった市の神、すなわち市神が、時代の下るに従って、自ら商売の神へと価値転換をし、もっぱら福利をもたらす神になった姿であろう。今日、都会では恵比須神が信仰され、地方の小さな市や定期市で、市神が信仰されているのも、そのことをものがたっている。

盗人神さん

日本の神々のなかには、変わった神さまがあって、善玉や弱者を助ける神だけでなく、悪玉にも御利益をもたらす神がある。この神の一つに盗人神がある。古くから、ある決まった神社や寺院の境内に入ると、そのものがいかなる重大な犯人であっても、めったに捕らえられぬという信仰が各地にある。

千葉県市原市にある建市神社は、盗賊を保護し、賊が逃れてこの神社の山に匿れると、その姿は見えず捕らえられないというので、盗人神と呼ばれている。岐阜県高山市三福寺町の釜の森も、この森に入った盗賊の姿は見えなくなるという。

岡山市の戸隠神社も「盗人の宮」という。昔、盗人がこの祠に匿れて、追っ手から逃れることができたので、盗人はここで改心し、そのお礼として境内に松を植えた。そこからその松を「盗人松」と呼ぶようになった。

神戸市須磨区にも、同じく「盗人松」と呼ばれる松の木がある。この松は、根が曲がりくねって地上にでて、ちょうど輪のようになっている。泥棒をしようとするものは、夜になるとここにきて、その根の下をくぐり、少しも体にさわらなければうまく盗めるが、少しでもさわると盗めないと信じられていて、さわったときは盗みをやめて帰るという。

やはり神戸市長田区野田町にも「盗人松」があるが、ここの松は海岸に突きでて、白波がかかるようなところにある。盗賊のことを世に「白波」と呼ぶならわしのあるのは、盗人松が白波にかかるところにあるのと、

浮草の一葉なりとも盗がくれ心なかけそ沖つ白波

という歌もあるところからでたという、うがった伝説もある。

また、福島県などでは、庚申さんは泥棒のさきやりをする神さまで、庚申さんの晩に盗みをして見つけられないと、あとはめったに見つけられることはないという。そこから、庚申の晩に生まれた子は盗人になるといって、そんなときは、男にはカネ吉・カネ太郎、女にはオカネなどと、カネ（金子）にちなんだ名前をつけるといい伝えられている。

こうした盗人をかばう神があれば、また当然、盗人を防ぐ神も信仰された。長野県では昔から、武州の三峯神社の信仰が第一で、三峯講が組まれていて、年々代参を立ててお札をもらって帰り、家や土蔵の戸などに貼りつける。千葉県あたりでも「三峯さま」は広く信仰され、ほかに「国が原さま」とか「山倉さま」とかいう神さまの盗難予防のお札を家の入口に貼るという。京都の古い家の入口の戸の裏に、粽一束を吊るしている家があちこちにあるが、これは祇園祭の山鉾から投げる粽で、盗人除けである。なかには八坂神社の「牛玉宝印《ごおうほういん》」のお札を貼っている家もある。

鬼神さん

「鬼」それは頭に角がはえ、口は耳まで裂け、牙をもった裸形で虎の皮の褌姿の、恐ろしい怪物を連想する一面、なにかしら親しみを感じさせる。

「鬼の田」・「鬼の足跡」などと呼ぶ窪地は各地にあり、鬼になじんだ常民が、酒肴や食べ物を与えた礼に、多くの薪や級皮《しながわ》をもらったというたぐいの経験譚も少なくなく、人間とはいたってなじみが深かった。また、大分県日田の大蔵家や、吉野大峯の五鬼、京都左京区八瀬のゲラなど、鬼の後裔と称する家筋があるし、岩木山の大人（巨人・山男）と懇親を結んだという鬼沢村（弘前市鬼沢）など、鬼にちなむ伝承をもつところも多い。

オニに漢字の鬼をあて、陰陽道と習合したり、仏教の羅刹《らせつ》と混同されて悪鬼になる前は、オニは神の化身と信じられていた。長崎では正月神を迎える門松をオニキ、九州で広く正月の神送りであるドンド（左義長）をオニビといい、沖縄あたりでは霊前に供える餅をオニモチというのも、もともと鬼が神であったことをものがたっている。

今日、節分の「鬼やらい」や郷土芸能における鬼踊りでは、オニは多く悪霊の代表として追放されるが、本来は逆に悪霊を退散させてくれる、特異な力量を持つ善神であった。奈良の吉野山地では、節分に「福は内、鬼は内」といって豆を撒き、鬼を招き入れるところさえある。

小正月の修正会《しゅしょうえ》の行事でも、奈良県五条市大津町の念仏寺陀々堂の「鬼走り」行事にあらわれる鬼は、年頭にあたって農作に害を及ぼす悪霊や、人びとの暮らしをおびやかす悪霊を退散させる鬼である。ここの鬼面は実に大きく、鬼面では最大のもので、父鬼・母鬼・子鬼があり、いずれも文明十八年（一四八六）銘の、現存鬼面で古いものの一つである。

埼玉県比企郡川島町の鬼鎮神社では、正月に厄病除けの軒守りとして、「鬼神さま」という絵馬が授けられる。右が赤鬼、左が青鬼、金棒を持って立ち、門口を守っているかのようである。上に赤幕があり「鬼鎮」の焼き印がある。洗練された絵馬の一つで、奥武蔵一帯の民家の軒に吊るされている。ここの社殿の北側には大小の金棒がたくさん奉納されている。鬼神さんの持ち物を奉納して厄病除けの願をかけるのである。

九州大分市白木浜は昔、安倍貞任《さだとう》が隠れ住んだという伝説の地で、ここの天満社境内にある鬼神さんは、頭痛によくきく神さまとして祈願者が多い。ここからも鬼面の絵馬が出され、軒守りとして門口に貼られ、魔除け札とされている。いまはなくなったが、東京大久保の鬼王さんでも、赤青二面の鬼面を描いた絵馬が授けられた。

なお、子供の鬼遊びも神事のまねである。津軽ではオコナイショという。オコナイは神事のこと。神事に神の憑坐になるものは目隠しをする。すなわち盲鬼になるのである。

淡島さん

紀伊半島の西の突端、松の美しく繁った友ヶ島を隔てて、淡路島を手にとるように望む加太岬。ここ加太神社は、諸国に祀られる淡島さんの本拠だという。いうまでもなく婦人病の神さま。脇の祠には、婦人の毛髪や櫛・ヘアピン・人形《ひとがた》がたくさん奉納されている。

この神は女性で、一つには婆利塞女《はりさいによ》ともいう。天神の六番目の姫として、十六歳の春、住吉明神の一の妃となったが、下の病にかかったので、うつろ船に乗せられて堺の浜から流され、三月三日に加太の浦の淡島に流れついたという。以後、同情・悲願によって、その病苦のものを治す誓いをたてたと伝える。かつては淡島乞食なるものがいて、背中に厨子を負い、毛髪や櫛などをいっぱい下げて、一種怪奇な雰囲気をかもし出して徘徊していた。その姿は東北の農村にまで見られた。これが江戸時代中ごろから、「淡島願人」と称して、淡島さんの功徳・縁起を説き、婦人たちに信仰を広めていった。

お参りする人はさすがに婦人が圧倒的に多い。夫婦で参ると淡島さんが嫉妬するので、女だけで参るという。祈願する人は髪や櫛をあげたり、人形を奉納したりする。人形は文字どおり人間の代わりで、病の根源である悪霊をそれに移して、災厄を逃れようとするのである。淡島さんは病気の性質上、色町の女に強い信仰があったし、この神に「申し子」の願をかける人もあった。また女性の神として、針仕事などの上達を祈願する風もあり、二月八日には針祭さえ行われている。

また、加太の近海に物を投げ込むと、加太の浦の淡島さんに流れついてくるといわれ、悪霊送りはみな淡島さんが引き受けてくれると信じられた。おそらく潮の流れによるものだろうが、この状況と、淡島さんがこの地に流れついたのが三月三日というところから、三月節供の流し雛も、多く淡島さんに流される。

図29　紀州淡島さんの流し雛

もともと三月は農事の重要な季節で、厳重な物忌や禊《みそぎ》をした。この禊につかう形代《かたしろ》が雛人形のおこりである。岐阜や鳥取地方の流し雛は有名だが、加太の浦に注ぐ紀ノ川筋や、上流の吉野川筋でも行われている。大豆に墨で小さく目鼻を描いて頭にし、細い竹ヒゴをさして、千代紙や色紙で着物を着せた小さい雛を作り、竹の皮の両端を折り曲げて作った船に乗せて流す。雛は袖を広げた男雛と、袖を前に打ち合わせた女雛とを一対にしたもの、女雛に子雛を抱かせたものもあり、味わいがある。

この雛はみな加太の浦の淡島に流れつくという。淡島さんでは「淡島雛」あるいは「子雛」といって、お守りとする守り雛が売り出される。

水使いさん

栃木県足利市郊外五十部町の水使いさんは、もと水死神社といった。

昔、殿さまの胤を宿した奥女中が、奥方と仲間の嫉妬にせめられて、流れに身を投げて死んだ。それ以来そこを通りかかると、たえず彼女のしかばねが水面に浮かんで、なんとなくその場に身を投げてしまうという。不吉なことが続くので、村人がその霊を祀ると、怪事はなくなり、ある夜、女が姿をあらわし「以後、婦人病一切を治してやる」といって消えた。そこから、婦人病ならどんな重病でも、この神に祈願するとかならず治ったという。

またこの地に昔、五十部少太郎という分限者がいて、ある母娘がそこに召使いとして奉公していた。ある日、母親が主人の使いにでたあと、七歳になる娘が、主人のかわいがっていた小鳥を、あやまって逃がしてしまった。主人少太郎は大いに怒り、娘をなぐったため、ついに死んでしまった。それを知った母親は、はかなんでそばの淵に身を投げた。それからは淵のあたりを通ると杓子や椀が浮かびでて、通行人をその淵に引き入れたので「影とり淵」というようになった。のち、ある上人がこの地を訪れ、彼女の霊を水使大権現として祀ったところ、さきの話と同じようなお告げがあったと伝えられる。

江戸時代に、淡島さんの俗信を持ちまわり、各地に土着したものが多く、そこにはかならず「昼飯持ち」「水使い女」などの未成女と後家の母の哀話や、下の病に悩む女の話がついている。水使いさんの伝説もそうしたところから定着したのかもしれない。

それはともかくとして、婦人病ことに腰から下の病に悩む人びとは、ひそかにお参りして願をかける。それには腰巻き姿の腰から下の婦人の図を描いた絵馬を奉納する。のちには女だけでなく、男も信仰するようになり、帯から下とか、越中褌から下の裸・跣の絵を奉納して祈願する。もうこうなると、もっぱら婦人病だけなく、性病専門の神さまとさえ考えられている。

各地の淡島さんも同じような御利益があり、博多の住吉神社境内や鳥取県倉吉市の淡島堂も、もっぱら性病専門の神さまと信じられ、男女の下半身の絵馬がたくさん奉納されている。ここに奉納される絵馬はみな、帯の下の着物姿の男女の絵で、上品すぎるきらいさえある。

日本のふるさとの神々は、まことにありがたい。人びとのあらゆる悩みをみなそれぞれ分担して、かなえてくれるようである。

大手さん

栃木県足利市郊外の五十部町新屋敷に、大手さんという神さまが祀られている。

昔、天慶年間（九三八〜四七）に、平将門が下総国猿島《さしま》（坂東市）に挙兵した。いわゆる「天慶の乱」のさい、俵藤太秀郷が、小俣村（足利市小俣町）の世尊寺（鶏足寺）に将門征服の祈願をした。そして将門と戦った藤太の弓の力は鋭く、さすがの将門もその強矢にあたり、将門の手がこの新屋敷に飛んできて落ちた。人びとはそれをおそれ、将門の手を葬って祀ったのが、この神社のおこりだという。

ここから大手さんは、手の傷や病を治す神として信仰され、中風・リューマチなどの平癒祈願に、近在近郷からお参りする人が多い。のちには手の傷病だけでなく、手腕力量の上達・技芸上達・相場必勝など、およそ手にかかわる願いごと一切に、御利益があると信じられるにいたった。これらの祈願には、絵馬を奉納するならわしがある。片腕の図とか、両手を行儀よく並べて描いた絵馬が、所狭しとかけられた。

ことに手芸上達は女の願いごと。足利地方は桐生と並んで古くからの機業地で、一にも二にも手の働きが大事であった。足利はまた相場もさかんな土地である。相場を張るのにも手が大事で

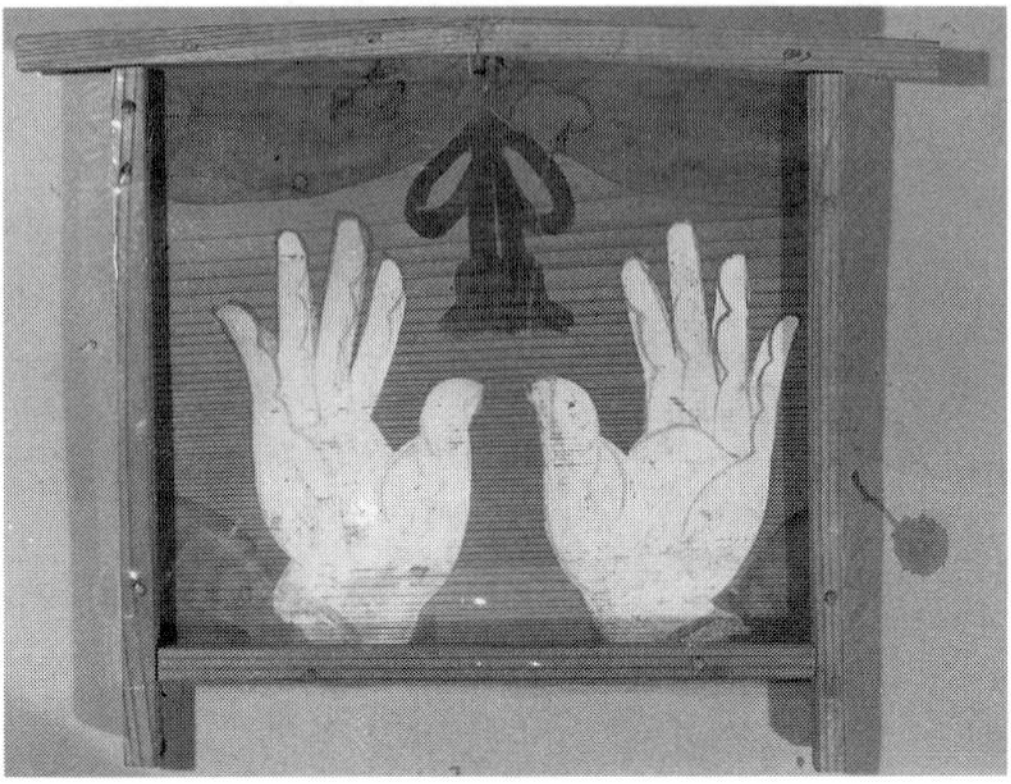
図30　双手の絵馬（足利・大手神社）

ある。したがって、片腕の図は多く病気平癒祈願であるが、双手の絵馬で女の奉納したものは機織りの上達を願ったものが多く、男の奉納したものは、相場の必勝祈願が多いらしい。

　機織り上達を祈ったものでは梭《ひ》（機織りのさい、緯糸を経糸に織りなすため、緯糸を巻いた管を入れた舟形の道具）の絵を奉納することも行われた。梭を上手に使いこなすことは、機業地の女にとってもっとも切実なこと。また、梭がその鋭い先端を持つところから、これで突かれて死んだ織女があったという伝説もあり、梭は女にとって神聖なものの一つであったという。

　茨城県結城郡にも大手さんがある。ここは結城紬の本場で、やはり織女が多い。足利の大手さんと同じように、機織り技術の上達を祈り、手の絵馬を奉納するという。

　なお大阪府池田市のあたりを呉服里といい、ここには機織りの祖神綾織・呉織の二姫を祀る伊《い》居《こ》太《た》神社と呉服神社がある。ここでも大手さんと同じく、梭の図の絵馬を奉納して祈願すると、手芸・機織り技術が上達するといって、女の信者が多い。

足利には大原神社があるが、腹の病の祈願に霊験があり、亀甲形の腹掛けの絵馬を奉納する。天慶の乱に、平将門の腹部がここまで飛んできたので、その腹を祀ったという伝説による。社名の大原もそこからきているし、腹と大原が同音であるところから生まれた俗信ともいう。

鬼子母神さん

子供を生まない女を石女《うまずめ》といい、昔は嫁いで三年子なきをきらう風さえあった。嫁げば子供の順調に生まれることを願うのが、かつて女の世のならいであった。石女には、子供をもうけるための呪法もいろいろあり、石女が胞衣《えな》を跨ぐと妊娠するとは、諸地方でいうことである。そのほか、道祖神に奉納した石で腹をなでるとか、袖のなかに知らぬ間に石を入れておくとか、月見の芋を盗んで食べるとよいなど、さまざまである。しかし、子授けに御利益があるとして信仰されている神もある。もっとも広く信仰されている神が鬼子母神である。

鬼子母神は梵名ハリテー（Hārītī）、訶利帝母《かりていぼ》と書いている。鬼子母は千人の子供を生んだが、他人の子供を奪って食うので、釈迦如来が鬼子母のもっとも愛していた末子を、鉄鉢のなかに隠してしまった。鬼子母は自分の愛児を失って、人の子供をとる非をはじめて悟った。そこで釈尊に説諭されて子供を返してもらい、以後、仏法守護の善神となったという。

鬼子母神は多産であるところから、子供を授けてくれる神、さらには安産の神として祈願されるようになった。この神の像は、美しい女が幼児を抱き、片手にザクロを持っている。日蓮宗ではその面を鬼形にしている。ザクロは悪魔を退散させる力を持つ果実と信じられ、また、ザクロは人間の味がして、非常にたくさんの実を成すから、この神の持ち物となり、象徴となったという。

鬼子母神で著名なのは、奈良東大寺二月堂下の鬼子母神、京都下鴨の鬼子母神、東京雑司が谷の鬼子母神などがある。ここへの祈願には、みなザクロの絵を描いた絵馬を奉納する。肉色の実をいっぱいつけて、パッと開いたザクロを象徴的に描いた、すばらしい図柄である。

図31　柘榴（奈良・東大寺二月堂下、鬼子母神）

雑司が谷の鬼子母神の境内には、大きな老木があるが、婦人がこの木を抱き、その葉か皮を肌につけていると、かならず子供ができると信じられている。こうした子授けの木も諸国の鬼子母神には多く、いろいろの伝承をもっている。

日蓮宗は古くから、鬼子母神を尊崇しているが、関西で日蓮宗の信仰の濃厚なのは大阪府北部の豊能郡地方で、能勢町上田尻の妙唱寺は「鬼子母神道場」である。長い石段を登り、本堂を右に廻ると庫裏《くり》にでるが、その右側に大小四つの小祠が並んでいる。いちばん大きな孝謙社には、一尺に及ぶみごとな木製の陽物と人形が供えられている。

鬼子母神は子授けの神から、さらに夫婦和合の神、下の病気の神にまで信仰の範囲が広まり、悩みのある人が、人知れずこっそりと奉納し、切実な祈願をこめたのであった。

達磨さん

達磨は梵語 Dharma の音訳で、広義には「法」を意味する言葉である。一般には達磨大師とよばれて広く知られるが、正しくは菩提達磨で、南インド香至《こうし》国の第三王子である。幼名は菩提多羅で、仏陀の正法眼蔵《しょうぼうげんぞう》を伝える第二十七祖般若多羅について出家し、印可をうけて第二十八祖菩提達磨多羅となった。そして遠く伝法を試み中国に渡り、梁の武帝に会って問答を行い、さらに魏に赴き、嵩山《すうざん》の少林寺に入った。そこで九年間、壁に面して坐禅をしてついに禅の奥儀を悟り、弟子の慧可《えか》に正法眼蔵と禅の奥儀を伝えたといわれる禅宗の祖である。

この達磨大師は大通二年（五二八）、百五十歳で入寂したと伝えられるが、のち唐の代宗から円覚大師と諡《おくりな》された。また聖冑大師とも諡されたという。

中国では入寂した達磨大師が再生してインドに還ったという伝説があるが、日本では達磨大師が大和国片岡の里（奈良県北葛城郡王寺町）で聖徳太子に出会ったと伝えられている。推古二十一年（六一三）十二月一日、聖徳太子が片岡の里を遊行《ゆぎょう》したとき、路傍に襤褸《ぼろ》をまとった異人が飢え臥していた。眼光鋭くその身からは香を発し、風体はただびとではない。太子は名を尋ねたが答えがないので、

しなてるや片岡山にいひにうゑてふせる旅人あはれおやなし

と一首詠んだ。すると飢人は、

いかるがや冨のお川の絶えばこそ我が大君の御名はわすれめ

と返歌を呈した。太子は飢人の着ているものをぬがせて、自分の衣服を与えて帰ったが、その翌日、飢人は死んだ。太子は人を派遣して厚く葬ったが、棺のなかに遺骸はなく、ただ太子の与えた衣服だけが残っていた。世人は達磨の化身であるといい、達磨塚を築き、精舎《しょうじゃ》を建立し、太子が刻んだ達磨の像を安置した。この寺が大和片岡山の達磨寺であり、像が国宝の達磨像であるという。

鎌倉時代に禅宗が渡来し、普及することによって、達磨大師の名声が人口に膾炙され、その画像が多く描かれるようになり、著名な画家もこぞって健筆を揮った。そのため禅宗の古刹には数多くの達磨の名画が伝えられている。なかでも室町時代の名画僧雪舟の描いた慧可断臂《えかだんぴ》の図は、面壁の達磨と片臂を自ら切って捧げる慧可の像を堂々と描いている。近世の達磨の名画としては、宮本武蔵の描く達磨像と、東海道原宿（静岡県沼津市原宿）に住んだ白隠禅師の描いた達磨像が圧巻である。

さて、平安時代末の仁安三年（一一六八）、禅僧栄西が宋から新品種の茶を移入し、新しい喫茶法をはじめてより禅家に喫茶が広まり、南北朝時代から武家・僧家、さらに民間にも普及した。そして奈良称名寺の僧村田珠光《じゆこう》、堺にでた武野紹鴎《じようおう》から千利休にいたって日本の茶道が大成する。この茶道の思想的背景が禅に求められ、「茶禅一味」と称され、ここから茶道のなかに達磨大師が大きな位置を占めることになる。そうしたところから達磨堂風炉・達磨釜など、種々の達磨の意匠の茶道具も生まれたのである。

一方、達磨はさまざまな俗信と結びついて庶民のなかに広まり、親しまれていった。そのもっとも中心になるのが「起上り小法師」である。いわゆる面壁九年の故事にちなみ、その坐禅姿をうつした人形で、赤い衣姿で手足がなく、底を重くして倒れてもすぐ起き上がるように仕組んだ起上り玩具の一種である。起上り玩具はすでに室町時代に流行したが、それは中国の白髪の老人に仕立てた「不倒翁」と称する玩具の移入で、はじめはそのまま不倒翁の字をあてていた。これがのちに「起上り小法師」と名づけられるようになり、童顔の愛らしい面相となって流行した。そして江戸時代中ごろから「七転八起」の喩え言葉とともに、達磨が起上り小法師を代表するようになり、縁起物として全国に流布した。喜多村信節の『嬉遊笑覧《きゆうしょうらん》』（文政十三年刊）第六巻に、

　起上り小法師。これ、もとより、達磨の像にあらぬを、いつ頃より、達磨に作りたるか、達磨を玩弄物とするも近きことにあらず

と見え、また『持遊太平記』（安政六年刊）には、鳥居清経が起上り小法師を達磨に描いており、巻末には西行法師が日ごろ信心している達磨大師が、夢のなかで起上りの形で姿を現した話を記している。こうしたところから見ても、明和・安永年間（一七六四～八一）には、すでに達磨の起上りが普及していたと思われる。

こうして縁起物となった達磨は、歳暮・年始・節供その他社寺の縁日などでとくに多く売り出され、なかには盛大な達磨市が立ち、年中行事の一つともなった。達磨市は関東に多いが、一月六日の高崎市少林山達磨寺の達磨市が最大のもので、一月二十八日の川崎市不動院の達磨市、三月三日の東京都深大寺の達磨市なども有名である。

達磨はまたいろいろの俗信を生み出したが、その一つに「目無し達磨」がある。目無し達磨というのは一般に起上り達磨の目の輪郭だけを描いて、わざと点睛《てんせい》しないままのもので、関東地方の達磨市で、この目無し起上り達磨を多く売り出している。しかし達磨を目無しにしたのは、起上り達磨が初めではなく、古くから目無し達磨は存在した。昔から仏法修行のため、自らの目をくり抜いて犠牲にしたという伝説があるし、達磨大師も日夜不断の修行中、睡魔に犯されないため自分の瞼を切りとったと伝えられている。また、元禄のころ、信州上田国分寺中興の舜海僧正が眼病にかかったとき、京都の仏師藤川某が達磨の像を彫刻して僧正に贈り、「病気平癒の節はこの像の開眼をされたし」と伝えた。僧正がさっそく本尊薬師如来とともに達磨像に眼病平癒の願懸けをすると、たちまち平癒したので、すぐさま達磨像の開眼法要を行った。これを聞いた信者たちが、眼病にかかると土で達磨像を造って祈願し、平癒すると願果たしに点睛して寺に奉納するようになったという。それから国分寺八日堂で、毎年一月八日に達磨市がたち、目無し達磨が売られるようになったという。

しかし明和・安永のころの達磨市では、まだ目無し達磨は売られていなかった。ところがそののち疱瘡が大流行し、疱瘡平癒の呪いに縁起物の起上り達磨が買い求められるようになった。疱瘡にかかるとよく目がつぶれる、疱瘡には眼をとくに大切にせねばならないということで、達磨の目の描き方がよくなければ売れなかった。そこで売り手は目無し達磨を用意して、客の求めに応じてその場で描いたり、目を描きいれるのを客に委せるようになった。ここから目無し達磨が生まれ、仏の魂をいれる開眼の古俗とも結びついて広まり、大願成就したとき目無し達磨に目を入れる風が今日に伝わった。東京浅草その他の町々でも、疱瘡の目無し達磨は明治初期まであったが、種痘が普及してからは徐々に姿を消した。しかし関東一円を見るとまだ方々に遺っていて売られている。選挙のときの「片目達磨」もこうした心情に通じるものである。

選挙に片目達磨を用いた早い例は、昭和五年(一九三〇)二月第十七回総選挙のさいの、長野一区の立候補者であった。上田の八日堂で買い求めた達磨を福神に見立てて神棚に安置し、「当選させてくれたら目を入れてやる」と、祈願したのである。昭和七年の総選挙には群馬県にもこの風が広まったが、一般化したのは昭和三十年代に入ってからである。これは強請祈願という、日本人の一つの祈願方式である。

ところで、達磨は倒してもたおしても起き上がるというところから、男性の性器を連想し、そこから性神としても信仰されるようになった。そして男性器に似せた形の達磨が現れた。東京浅草観音の歳の市や、川崎大師の門前、大阪の十日戎、四国の高松張子などにそれがあり、明治末期まで売られていたという。また女性器を表象する模様をあしらった、「姫達磨」と称する女性の達磨も現れた。これは東北地方にもあるが、四国・九州など西日本に多く見られる。

こうした性神としての達磨の信仰が、蚕のことを「お子さま」と呼ぶ風のあることと結びついて、お子さまを殖やす願いを叶えてくれるものとして、達磨が養蚕の縁起物となった。信州では養蚕がさかんになるにつれ、いつしか上田国分寺八日堂では眼病平癒の満願に奉納した土達磨を借りてきて、お子さま繁盛を祈り、お礼に達磨を二つにして寺に奉納する風習が生まれ、たちまち地方的流行をきたした。また信州上田の蚕種商人が上州に行ったさい、高崎で張子の達磨をいくつか買って帰ったところ、それを欲しがる人が多かったので、それから毎年高崎から張子の起上り達磨を買い入れて、それをお子さま繁盛の縁起物として、八日堂の縁日で売り出すようになったという。

こうして達磨は庶民に親しまれたのであるが、達磨が店の看板に用いられたこともある。京都の表具屋は達磨の看板を出していた。ダルマをタルマない（弛まない）にかけた洒落とも、仏法をミノリと読むところから、仏法達磨大師に表具のノリ（糊）とかけた洒落ともいう。その看板は墨絵の達磨を一畳大ぐらいに表具したものなど、達磨の絵であった。また表具屋には達磨堂あるいは「面壁九年」からとった九年堂という屋号もあったという。葉茶屋の看板にも達磨が用いられた。起上り達磨というところから、茶柱が立つという縁起に結びつけたものである。葉茶屋の看板は一般に茶壷形に切り抜き、それに茶の字を書いて看板とした。いわゆる容器看板であるが、その茶壷を達磨形にあしらって、大きな目をむき髭をはやした達磨の顔を彫り、胴のところに茶という字を彫ったものである。茶屋と達磨の因縁は、茶柱が立つという縁起のほかに、「茶禅一味」の意味もあり、達磨大師が中国で修行中、睡魔に犯されないように自分の両瞼を切って投げたところから茶の木が生え、その葉を味わうとたちまち元気を回復して、睡魔からのがれることができたという伝説にちなむものであるという。

ところで「達磨さん、達磨さん、にらめっこしましょ、笑ろたら負けや……」の子供の遊戯歌は広く世に知られているが、声をたてずまたたきもせずににらみ合い、先に笑った方が負けという遊戯は、古くには「目比《めくらべ》」と呼んで、鎌倉時代にはすでに行われていた。これはただにらみ合うだけでなく、顔面をひきつらせたり、おでこにしわを寄せてみたりして、自分は笑わず相手を笑わせる工夫を加えたものである。この種々の面相は大きな目玉をむいて睡魔と闘って修行する姿、その目の鋭さが一面でまた愛敬をもち、その面相は見れば見るほどさまざまな表情をくみとることができる。そうしたところが達磨に通じることから、この童戯に歌い込まれたのであろう。

縁切りの神さん

すべての人が人生よい事ずくめとはいかない。ときとして、よからぬ縁の糸を断ち切りたいと悩む人も少なくない。縁切り、ことに離婚は、妻に請求権のなかった時代、女性の悩みは深刻であった。そんなとき、鎌倉その他にあった、俗に「縁切り寺」といわれる寺に駆け込み、かりそめに尼になることにより、寺法で離婚する方法もとられた。それもできないものは、もっぱら神仏に祈願して、望みのかなえられることを待つよりほかなかった。そのさい、願をかけたのが「縁切り稲荷」とか「縁切り榎」などと呼ばれる神々であった。

京都の菊野大明神、足利の門田稲荷、東京板橋の縁切り榎は、縁切りの三大神さまである。菊野大明神は、いま河原町二条上ル法雲院内に祀られるが、昔は三条東洞院あたりにあった。三条東洞院は、嫁入りとか縁事のおりに通れば縁が切れるという言い伝えがある。深草の少将が小野小町のもとに百日通いつめたが、思いがかなわず死んでしまったので、往復に腰を掛けて休んだ路傍の石に、その怨霊がつき、男女の縁をのろったという伝説がもとになっている。この石が菊野大明神に祀られていて、縁切りを願う婦人が願をかけた。そのさい奉納する縁切り絵馬が、いまも所せましとかかっている。また、妻が夫の不行跡を嘆き、夫と情婦の縁切りを祈願したのも多く、その願いがかなって感謝して拝んでいるさまを描いた絵馬も見られる。

この縁切りはまた、いつのまにか逆に縁結びにも御利益があるとされるようになり、社殿の左を廻って参詣すれば縁切り、右を廻って参詣すれば縁結びというようにも信じられた。京都には縁切りの神仏や祈禱所が何ヶ所かあるが、いずれも当事者二人が背中合わせにすわって合掌している図の絵馬が奉納される風がある。

図32　縁切榎（東京・板橋、榎神社）

門田稲荷は「縁を切る」といえばなんでも絶縁してくれるといわれ、夫婦はもちろん、情夫・情婦の手切れ、病気との絶縁、禁酒などの断ち事、盗人との縁切りなどなんでも祈願する。したがって、男女背中合わせの図、大盃に顔をそむけた断酒の図など、実にバラエティーに富んだ絵馬が奉納されている。あらゆる断ち事の効能を、祈願者がこの稲荷に要求し、ついに稲荷をして断ち事専門の神にしてしまった。庶民の信仰と地方の小祠との関係をよくものがたっている。
板橋の縁切り榎は、榎が「縁の木」となり、縁切りの信仰が生まれた。男女の縁切りからさらに効用が広められ、諸病一切との縁切りはいうまでもなく、戦時中には、この榎に徴兵との縁切りを祈願し、徴兵から逃れようとする風もあった。榎の木を真ん中にして、軍服姿の男と着物姿の祈願者本人が、背中合わせに立っている図の絵馬が奉納された。当時の庶民の心情がうかがえる。

文殊さん

受験シーズンを迎えると、天神さんとその人気を二分するのが文殊さんである。文殊は一般に、普賢とともに釈尊に侍して知恵を司る菩薩とされ、獅子に乗った姿で示現《じげん》したという。もともと中国の五台山をその浄土として信仰されたが、わが国では子供に知恵を授けてくれる菩薩として広く信仰される。奈良県の安倍文殊と京都府の切戸文殊、山形県の永井（亀岡）文殊が世に「日本三大文殊」として知られている。

その会式《えしき》は陽春の三月二十五日。参詣の善男善女が境内・参道を埋めつくす。孫に知恵が授かるようにと、幼い子供の手を引いた老人の姿もまた多い。大和桜井市安倍文殊の会式は、ことに子供に喜ばれる日で、千数百人の子供が広い境内に集まる。

奈良興福寺の文殊会も盛大である。文殊会は天長年間（八二四～三三）に、石淵《いわぶち》寺の勤操《ごんぞう》と元興《がんこう》寺《じ》の泰善が畿内一円にこの会式を広めたことにはじまるといい、興福寺の文殊会も天長十年（八三三）東金堂に文殊菩薩像が安置されたことにはじまるという。昭和十二年の東金堂大修理のさい、この文殊菩薩像に奉納された絵馬が多数、天井裏から発見された。大永・天文・弘治・永禄・元亀・天正など室町末期や安土桃山時代から、寛永・承応など江戸時代前期にいたる年紀

図33　奈良興福寺に奉納された文殊獅子図絵馬

を墨書したもの数十点である。その図柄は文殊菩薩像が主で、それも文殊騎獅子像、これに馭者の優塡王《うてん》の随伴する図、文殊像がなく、獅子像だけの図、あるいはこれに牡丹を描き添えた図などである。これは本来、信仰の対象たる仏菩薩の像を絵馬に描いて奉納して祈願したのが、だんだん簡略化されて、その持ち物や眷属を描くようになる過程をよく示している。

　興福寺東金堂の文殊会式は、いまは太陽暦の四月二十四、二十五日になっているが、かつてはやはり三月二十五日で、江戸中期南都の地誌学者村井古道は、その著『南都年中行事』第三巻に、元文五年（一七四〇）三月二十五日興福寺東金堂文殊会として、当日は奈良町手習子師範、絵馬を献上して、此日童男童女をいざなひ詣せて、一日野掛遊山に饗応せしむ。往年より当所の風俗也、文殊師利菩薩をして各能書ならむ事を祈誓せしむの謂也。

と記しており、文殊会式の日に、手習をする子供たちがその上達を祈願して絵馬を奉納した風のあったことがわかる。しかもそれが「往年より当所の風俗」であったといい、伝統ある習俗であったことがうかがえる。いまも小学校の児童が大きな一字書きの習字を奉納し、それをたくさん貼りつけた額を藤の造花で飾った車に載せて三条大路を練り歩き、東金堂に繰り込むなど、にぎやかな行事が繰り広げられる。

聖天さん

聖天《しょうてん》さんは、大聖歓喜天《だいしょうかんぎてん》、略して歓喜天という。象鼻天ともいい、実際は毘那夜迦《びなやか》というインドの魔神で、福徳の神として、広く信仰されている。

奈良生駒の聖天さんは有名。生駒山の中腹、宝山寺本堂のかたわらに祀られている。四六時中香煙の絶えることはない。いつお参りしても、熱心な参詣者が見られ、境内一面、もうもうと立ちこめる香煙が、あたりをつつんでいる。

この神は、左手に大根、右手に歓喜団子を持っているのがふつうである。いろいろの説話があり、とくに大根は人間の味がするといわれ、「違い大根」が聖天さんの紋になっている。こうしたところから、大根を禁食して、違い大根の絵馬を奉納して、もろもろの秘願がこめられている。各地の聖天さん、すなわち東京浅草の待乳山聖天、名古屋の聖天、香川県高松市五剣山腹八栗寺聖天、みな同じような絵馬が奉納される。なかには、二股大根を二本交差させ、それぞれをからませている図もある。二股大根を女とみなした連想から生まれたのであった。歓喜天は生殖神で、夫婦和合に御利益があると信じられている。

この神は、またはげしい神であるとの信仰もあり、これに誓って女・酒・たばこ・博奕をやめようとする風もある。「女に錠」「盃に錠」「煙管に錠」「賽に錠」さらにこれらを含めて「心に錠」などの、いわゆる「錠物」の絵馬がたくさん奉納される。

江戸時代の末、江戸妙法寺祖師堂に、この「心」という字に錠前をかけた図の絵馬をかかげて、好きものの評判となり、

図34　聖天さんに奉納の女に錠の絵馬（関東一円）

ピンと心の錠前おろし、どんな錠でもあきはせぬ

という歌さえはやり、この種の絵馬が普及した。しかし今日、関東ではすっかりなくなり、生駒の聖天さんだけにしか見られなくなった。

ずらりと並ぶ錠物絵馬、いまでは新しいものばかりで古雅なものは見られなくなったが、「女に錠」の上に「女一生」と書いたものや「女に錠」の上に、女房だけを除外した条件付きのもの、三年とか日限を決めたものなどがあって、見ていて実に愉快であるとともに、聖天さんへの、庶民の願いの厚かましさを偲ばせる。ことに正月三日は「初聖天さん」といって、京阪神一帯からの参詣者が多く、福財布や福杓子が授けられる。縁日には俗に「アリの聖天さん参り」といわれるほど、沿道に人

が満ちあふれる。

埼玉県熊谷市の聖天さんには、蛇の絵馬がある。舌を出している白い一匹の蛇、近在の農家では、ここの絵馬を借りてきて、お蚕を食べる鼠を防ぐため、家の入口に針づけにする。こうしておけば不思議に鼠がいなくなって、養蚕が順調に行くという俗信がある。聖天さんの使いは蛇であるという信仰も広く見られる。香川県高松市の八栗寺聖天では、そこの蛇を授かってくると、蛇が成長するに従って、その一代だけ身代が太るという話が、いまも語り伝えられている。

お薬師さん

お薬師さんは実になじみの深い仏さまである。仏さまでありながら、特定の宗派にかかわりなく、里のあちらこちらで、人びとの暮らしを見守っていてくれる。

『浄瑠璃物語』によって広くその信仰が言いはやされた各地の名刹薬師をはじめ、蛸《たこ》薬師・石薬師・糸瓜《へちま》薬師というように、その霊験・縁起にちなんだ特殊な呼び名をもつ薬師もあれば、草深い小堂にひっそり祀られた薬師もある。

薬師さんは、ことに諸病平癒に御利益があると信じられ、湯治場や保養地であったところには、かならずといってよいほど祀られている。病をもつ人はその病が治るように、心をこめて祈りをささげた。その祈願のときや、願いがかなえられたとき、それぞれの薬師さんにちなんだ絵馬を奉納する習俗がある。絵馬が人の心と薬師さんの心をとりもつかのようである。

奈良興福寺東金堂の本尊は薬師さん。薬師さんは手に薬壺を持っているので、昔から薬壺の図の絵馬が奉納された。いまは見られなくなったが、それは中世末以来の風習で、薬壺が数個並んだ絵と、画面いっぱいに青磁の薬壺を一つ描いたものとがあり、いずれも趣のある絵であった。

「め」という字が二つ向かい合っている「向かい目」の絵馬が、関東から中部地方にかけてよく見うけられる。薬師さんの十二大願の第一、光明普照を表徴したもので、なかなかすぐれた着想である。埼玉県深谷山瑠璃光寺の薬師には、両目の図を描いて奉納する。

栃木県足利地方の薬師さんには、目の形を八つ描き、目のすみを赤く彩って、病んだ目にした洒落た絵馬が奉納される。目が八つあるのは四人分、あるいは四人連合の祈願という意味でもない。疾目の祈願だから「八ん目」すなわち「病目」にして目をわずらったという意味を通じさせたのである。

図35　お薬師さんに奉納の向かい目の絵馬

図36　お薬師さんに奉納の八つ目の絵馬

名古屋の糸瓜薬師は、神経痛一切、筋肉の病に御利益があると評判が高い。糸瓜の図を描いた絵馬をあげて、願をかける。この薬師は、糸瓜が好きという言い伝えがあるが、神経痛は筋が痛む病気であるため、その筋でかためたような糸瓜から連想したらしい。

京都中京区の蛸薬師は、とくに婦人病・小児病に霊験あらたかという。昔、寺内に孝行者の僧がいて、病気の母親が蛸を食べたがるので、苦心して蛸を買い求めた。かえってカゴを開いてみると、蛸は、薬師経一巻に変わっていた。僧はこれを見て悟り、朝夕、薬師経を唱えて孝養をつくしたので、母の病気も全快した。これをみた世人がこの寺を蛸薬師と称したという伝説がもとになり、信心する人は蛸を禁食し、蛸の目の絵馬を奉納して祈願する。南あわじ市福良の薬師さんも蛸薬師と呼ばれ、蛸を禁食したり、生け捕りにしないことを固く約束して、諸病平癒の願をかける。

大和の法隆寺西円堂は、俗に「峰の薬師さん」といわれ、耳の病を治してくれたり、耳がよく聞えるようにしてくれるという。実物の錐を何本も板に縛りつけたものを奉納して、願をかける。錐は孔をあけるものだから、耳の孔をよく通してくれるようにという意味である。ていねいな人は髪を切って一緒に供えるという。

田舎や町はずれの薬師さんの小堂に、孔のあいた石をたくさん紐に通して吊るしてあるのをよく見かける。それは「耳石」という。耳の聞えにくい人、耳の病にかかった人が、河原で孔のあいた石を拾い集めて奉納したものである。石の孔を耳の孔になぞらえて、耳がよく通るように、すなわち耳がよくなるようにと祈願したのであった。
人びとに深く親しまれた薬師さん、その信仰は強く今も生きている。

お不動さん

お不動さんは五大明王・八大明王の一つで、正しくは不動明王というが、不動尊・無動尊・不動使者の名でも呼ばれる。仏の心を受けて仏教の障害を取り除く神格とされている。そのため、一切の煩悩を焼きつくす大火焔を背負い、悪魔を降伏させる憤怒の面相をし、右手には迷いと悪魔を断ち切る剣を持ち、左手には人を引き寄せる縄を持つ姿をしている。わが国では観音さんと並んで庶民の厚い信仰を得、高野山南蔵院の波切不動、高野山明王院の赤不動、京都青蓮院《しょうれいいん》の青不動、滋賀県園城寺《おんじょうじ》の黄不動など名高い尊像も多いが、千葉県の成田山新勝寺は、成田不動尊として親しまれ、庶民信仰の霊場として、江戸市民に広く信仰された。

成田不動尊は、元禄以来、数回にわたる出開帳と、成田出身の初代市川団十郎をはじめ、歴代団十郎の演じた「不動利生記《りしょうき》」により、いっそう有名になった。七代目団十郎はとくに信仰深く、文政四年（一八二一）に間口一八メートル、奥行き九・六メートルの瓦葺き総欅《けやき》造りの絵馬堂を寄進した。ここには彼の贔屓《ひいき》が願主となって、歌川豊国の筆になる、彼の舞台姿「石橋」を描いた大絵馬が掲げられた。以後贔屓がたがいに競って団十郎の舞台姿を奉納したので、文久二年（一八六二）にいたってさらに第二の絵馬堂を建立しなければならなくなったほどで、たくさんの芝居絵・役者絵の絵馬が奉納されている。成田不動尊はこうした芸道上達の御利益だけでなく、無病息災・延命の御利益があると、広く信仰されるが、さらに各地に分院が建立され、火除けの仏といったり、正邪曲直の仏といったり、さらには交通安全に御利益があると、信者が多い。

変わったところでは、大阪ミナミの繁華街、法善寺横丁に祀られる不動さんは「水かけ不動さん」といい、その名は芝居・映画・歌などで広く知られるが、朝から参詣者がひきもきらず、不動尊像はかけられる水しぶきで、たえずキラキラと光り、香煙がたちこめ、独特の雰囲気をただよわせる。人はみな尊像に水をかけ、口中で願いごとを唱え、手を合わせて一心不乱に拝む。土地柄、商売繁盛に御利益があるという。

山紫水明の京都を貫く賀茂川の上流、雲ヶ畑の岩屋山志明院の不動さんは、「岩屋不動」の名で親しまれているが、この不動さんは眼病を治してくれるというので、「眼力不動」とも呼ばれている。岩屋のなかにある水場の水で眼を洗うと眼病によく効くという。ここはまた歌舞伎十八番「鳴神」の舞台でもある。不動さんはこうして水とかかわりがあり、水落のようなところによく祀られている。

富山県中新川郡上市町大岩日石寺の不動さんと、富山市上滝の不動さんは、ともに摩崖仏で、夏場、滝に打たれる参詣者が多く、眼病に霊験あらたかという。そして、七。八月の二十七日の祭にはたいへんな人出である。

不動さんには、眼病に御利益があるとされる例がずいぶん多い。埼玉県幸手市の菅谷不動は、「田螺《たにし》不動」の名で知られ、田螺がニョキッと二つ、人間の眼玉をむいた格好に配した珍妙な図柄の絵馬を奉納して、眼病平癒を祈願する。その発想はまことにおもしろく、つぶ（螺）をつぶらな「目」にかけたのかもしれないが、おそらくこのように、勢いのよい爛々とした目になるようにとの願いを象徴したのであろう。近在の農民が、田の草取りなど、稲の穂先でしばしば目を刺し、眼病疾患が続出した。そこで土地の人がみなこの不動尊に眼病の平癒を祈願したが、そのさい稲田の産物でもあり、食膳にも供されていた田螺を禁食して願をかけるようになったところから、自然にこの不動尊を「田螺不動」と呼ぶようになり、こうした絵馬を奉納するようになったという。

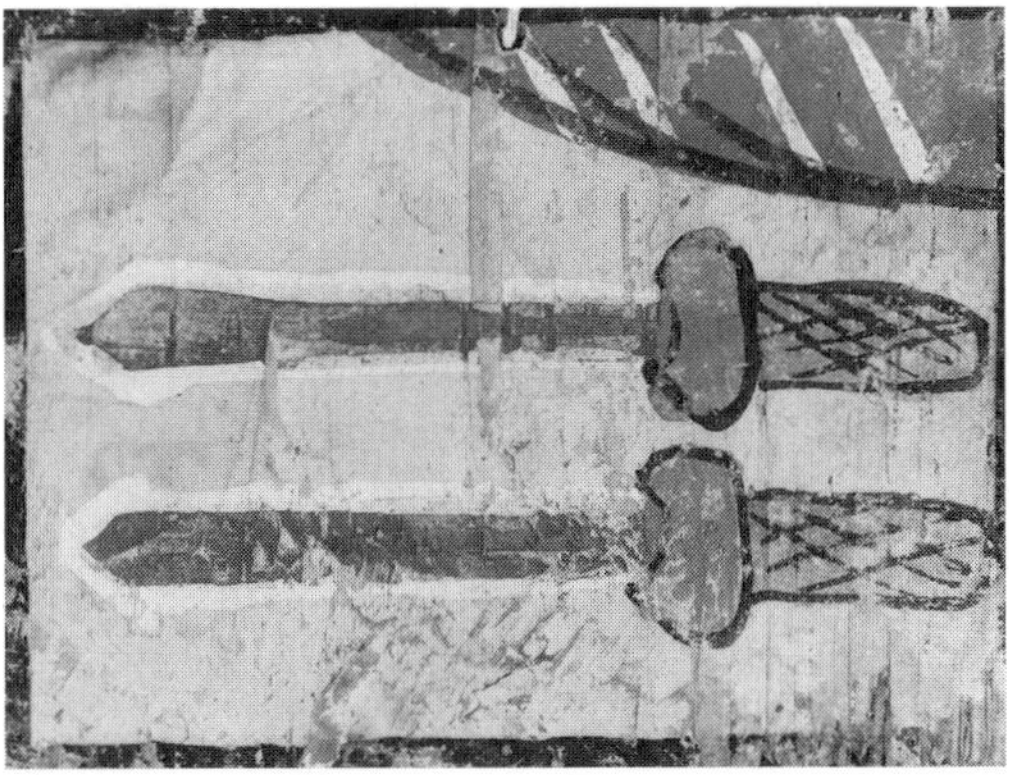

図37　不動の持物の宝剣を描いた絵馬

　不動さんはまた、悪魔を降伏させる強豪の仏と信じられたため、子供の強くなることを祈願するところがすこぶる多い。東京の新井とか深川あたりの不動さん、京都の立本寺《りゅうほんじ》内の不動さん、埼玉県飯能の不動さんなどには、大火焔を背にした不動尊像を描いた絵馬を奉納して祈願し、東京浅草仁王門の不動、大阪富田林の滝谷不動、福井の足羽《あすわ》不動、奈良初瀬《はせ》地方の不動さんには、不動尊の持ち物である宝剣だけを描いた絵馬を奉納した。赤い幕を張り、緑色の柄をつけた白い剣が赤い瑞雲に乗っている図、上片すみに幕を垂れ、下に宝剣が二本並ぶ図など、まったく平凡な構図であるが、この剣がもっぱら降魔の剣、すなわち魔除けの呪符とする庶民の信仰をよくものがたる。

観音さん

観音さんといえば、すぐ三十三所霊場を思い出し、深山に祀られる観音堂に思いをはせる。それには深いわけがあった。古代人は、我われの住んでいるこの世界のほかに、もう一つ別の世界があると想像した。その世界がほかならぬ他界であり、古典では「根の国」「常世の国」「妣《はは》の国」と呼んでいる。そこは不老不死の理想郷で、人間の魂のふるさとと考え、海のかなたにその世界を想定した。

この海のかなたに他界を求める信仰は、仏教の伝来・普及とともに「西方浄土」という考え方と結びつき、重なり合っていった。大阪では、四天王寺の西門は極楽浄土の東門に通じるという信仰があり、つい最近まで、彼岸の中日に「入り日」を拝むために、人びとが方々から集まってくるならわしがあった。平安時代の末ごろには、ここから海に入ると極楽浄土にもっとも近道であるといわれ、住吉の浜から入水した篤信者が多かった。「日想観往生」といわれているものである。熊野にも同じく、観音の浄土である補陀落山《ふだらくさん》を目指して船出したまま往生をとげるというならわしがあって、補陀落渡海といわれた。井上靖の『補陀落渡海記』という小説も、こうした熊野の海に入水《じゅすい》したいくつかの補陀落渡海の話がその根底になっているのである。

遠く南海にそびえる補陀落山が観音菩薩の浄土であるという考えが、高山を補陀落山に擬してその山上に観音の霊場をもうけることにもなった。日光山中腹の中禅寺は観音菩薩の名刹であるが、これなどもっとも典型的な例である。すなわち補陀落山がフタラ山となり、さらに二荒山と名付け、これを音読みにして別字をあてて日光山となったともいう。

このようにみると、観音さんの信仰は一見、浄土信仰に凝結しているかに見えるが、実は一方で現世利益の仏菩薩として広く信仰され、そのほうが暮らしのなかに大きく息づいている。それには観音経の説も強く作用していた。そこには観音菩薩三十三身の思想が語られ、観音が現世の衆生《しゅじょう》の危機や要求に応じて三十三身に化身して示現《じけん》し、衆生を救ってくれるというのであるから、きわめて現世利益的色彩が濃い。この三十三身の思想の反映として成立したのが三十三所霊場である。熊野那智の青岸渡寺にはじまって、美濃谷汲（岐阜県揖斐郡）の華厳寺に終わる西国三十三所霊場をはじめ、坂東三十三所、秩父三十四所などが、古代末期から中世にかけて設定され、江戸時代にはそのほか多くの地方霊場が成立した。これらの観音には、厄除け・開運・出世をはじめさまざまの祈願がなされるが、厄除け祈願が多く、また盛大である。

大和郡山の松尾寺は、天平の昔、元正天皇の勅願によって開創された寺で、大和盆地を一望に見下ろす矢田丘陵（松尾丘陵）松尾山の中腹にある。本尊は千手千眼観音菩薩、脇侍が十一面観音と不空羂索観音で、養老二年（七一八）二月はじめての午《うま》の日に、東の山ににわかに紫雲がたなびき、厄除け観音が姿をあらわしたという由緒をもって、二月の初午には盛大な厄除け大法要が営まれる。大和小泉駅から寺までの長い道中は、厄除け参りをする老若男女の列が延々と続く。道筋には花簪《はなかんざし》を売る出店がずらりと並ぶ。昔は、四十二歳の大厄には黄色の鉢巻き、六十一歳の還暦のものは赤色の鉢巻や衿巻きをしてにぎやかに参詣した。親戚・知己・近隣のものを従え、川の堤や丘の上で酒宴をしながら、一日がかりの参詣道中であった。松尾さん詣りの花簪は、頭痛のまじないといって買って帰り、みな頭にさしたものである。

松尾寺と並んで大和明日香の岡寺も厄除け観音で名高く、初午の厄除け参りには同じく盛況を呈する。地域的には概して北和（大和の北部）は松尾寺に、中和から南は岡寺というようになり、年齢によって男四十二歳と六十一歳は松尾寺に、女は主として岡寺に参り、男二十五歳と女十九歳は北和からでも岡寺に参る風が一般的である。全国各地どこの厄除け観音も、こうした厄除け参りは盛況を呈する。

また、観音さんには、なんでも一言だけ願いをかなえてくれる一言観音もある。奈良興福寺南円堂脇の一言観音もその一つで、夜の明けぬうちから願掛けの人がお参りし、線香の煙と蝋燭の明かりの絶えることがない。多くは子供の病気に関する祈願で、昔は、子供の夜泣きが治るようにと鶏の図、子供の散髪ぎらいが治るようにと月代《さかやき》の図、子供の入浴ぎらいが治るようにと小児入浴の図、子供の瘡《かさ》が治るようにと牛の図の絵馬、そのほか祈願内容をあらわすさまざまな図柄の絵馬がずらりとかけられていた。その絵馬一枚一枚に自分の願いを託して心をこめて祈ったのであった。

変わったところで、神奈川県厚木市の飯山観音は、縁結びに御利益があることで世に知られている。観音堂脇の老松は「見合いの松」といわれ、ここで見合いをするとかならず結ばれるという。奈良県桜井市初瀬の「長谷観音」は、美容に御利益があるというし、このほか、さまざまな御利益を与える観音が各地に祀られている。有名な円空や木喰上人は、諸国行脚の道すがら、多くの仏像・神像を刻んで残したが、木喰上人がいまの兵庫県川辺郡猪名川町の東興寺に宿を求めたとき、境内の椎の大木に観音像を刻んだ。笑みをたたえた慈愛あふれる顔の像で、生い茂る自然木に刻まれた観音さんなので、「生き木観音」と呼ばれ、安産・子育ての観音として近在近郷の信仰を集めている。

このほか路傍に祀られる観音さん、村や町の小堂に祀られる観音さんは数知れないが、そうした観音さんを祀る講として観音講がある。観音講は多く主婦だけで組まれた婦人の講である。それは観音さんには子安観音と並んで、子供や婦人にかかわる信仰が厚く広かったからである。毎月十八日は観音さんの日なので、その日の夜、講中で順番に定めた宿の家や堂に集まり、おつとめをするのであるが、そこでは育児のことや家事についての経験や知識が披露され、この日ばかりは家庭内の話や姑の悪口も自由に語られた。平素、生業や家事と働きつづける婦人にとって、この講にでることは最大また唯一の楽しみであり、気晴らしとなり、また世間勉強もできたのであった。そして、この日を一つのケジメとして、また翌日からそれぞれの仕事に精を出したのであった。

馬頭観音さん

信州の中馬《ちゅうま》は世に知られている。中馬は駄賃稼ぎの馬背運輸をいう。舟運の発達することのない信濃では、江戸時代のはじめから、百姓が自分の生産物や買い入れ商品を、手馬（自分の馬）で運搬する慣行を生んだ。名古屋・岡崎・吉田（豊橋市）あたりはもちろん、遠く江戸とも交易した。幕府からも、信濃国八郡六百七十九村が中馬村とされ、一万八千七百六十八頭の馬を中馬稼馬数として公認されていた。

信濃の馬は、人びとの暮らしに大きく貢献した。したがって馬の数も多かった。それだけに、農家では馬をほとんど家族の一員として扱い、死馬に対しては供養塔を立てたりして、ねんごろに祀った。この供養碑としての馬頭観音碑は路辺に数多く立ち、東筑摩郡だけでも四千をこえる。

馬頭観音は、もともと婆羅門《ばらもん》教の毘紐奴《びしゅぬ》の化身から転訛し、馬が牧草を食うように、諸種の悪を食いつくしてくれる明王という。頭上に馬頭をつけているところから、馬の安全息災を願う庶民の信仰と結びつき、広く祀られるようになった。

馬頭観音の祭日は、やはり馬にちなんで、旧二月初午の日をあてるところが多い。中部地方でもっとも知られるのが、三河小松原（豊橋市）の馬頭観音。明治のころまでは、初午になると首に鈴をつけ、きれいに飾った馬を曳いて、シャンシャンと富岡街道を下って、小松原観音に参る人でごったがえしたという。

この日、絵馬が授けられる。図柄は、猿が馬を曳いている「猿駒曳き」の図。東三河を中心に、西三河から尾張の知多あたり、さらに遠州西部の農家一帯に、厩の軒にその絵馬が吊るされた。

塩尻市奈良井の馬頭観音でも、やはり初午に同じ絵馬が授けられる。馬は昔から実用のほかに、神の乗り物として神聖視されてきた。山の神の使者と考えられた猿は、馬を守護してくれるものとされ、厩の守護神として馬と一緒に猿を飼う習俗もある。猿を飼うことが困難になった今日でも、なお東北の三春地方では、猿の代わりに木で彫った猿形を厩に祀っている。猿駒曳きの図は、猿が馬を守護するありさまを描いている。

飛騨地方も馬頭観音の信仰がさかんで、路傍に馬頭観音像がたくさん見られるが、高山では毎年八月九、十日に絵馬市がたつ。この日、牛馬の飼い主が松倉山へ馬や牛を曳いて参り、牛馬の安全を祈願した。九日は養蚕の祈願日、十日は牛馬の祈願日といい、かつてきれいに飾った馬が列をなして松倉山に登る情景が見られたという。松倉山には観音堂があり、そこの岩に馬繋ぎの鉄輪があって、それに馬を繋いだのである。ところがこの時期には越中のほうに稼ぎに行っている馬があったり、また仔馬であったりして曳いて参れないことがある。そんなときには自分の馬をスッケチして、毛色も毛並みもそのまま描き、その絵を持ってお参りしたという。こうしたところから、いちいちスケッチする手間をはぶくために、馬の版木などを彫って摺るようになり、さらにその風が広まって絵馬市がはじまったのではないかといわれる。

当日、版元である八軒町の池本屋では、家の入口をみな開けて店の壁面には綱を張り、それに紙絵馬をたくさん吊って飾り、

馬買いにこい、馬曳いていけ

とかけ声をかけて売る。また一方、店の中央では、客の求めに応じて版元が筆をふるう。古式では端切らずの紙、一名、傘紙ともいう飛騨の和紙に描き、全紙大のものから畳一枚ぐらいの大きさのものもある。駆ける馬、歩む馬、背に御幣を立てた馬、巾着・千両箱・米俵などを背負う馬、子供を乗せた馬、背にはなにもつけず鞦《しりがい》をなびかせて走る馬などがある。巾着・千両箱・米俵を背負うのは招福を意味し、子供の乗るのは安産・子育てを意味するという。

馬には左馬と右馬とがあるが、奉納という字を上に馬の頭のほうから横書きにする。左馬は左書き、右馬は右書きになる。そして絵馬の左下に○○氏と家名を縦書きにする。この絵馬の値段は昔から、両で呼び、一銭を百両、十銭を千両、一円を一万両、十円を十万両、百円を百万両、千円を一千万両というふうに呼び、これを俗に「松倉相場」という。したがって、一般にとほうもない高値をいう人、大法螺吹きの人のことを「松倉相場」という風があるという。絵馬を買った人は、それを持って松倉山にお参りし、祈禱してもらい、朱印をもらうのがたてまえであるが、いまは賽銭を版元に預けて代参を頼むことが多い。絵馬は家の入口に「入り馬」になるように貼って牛馬の安全や家内隆盛のお守りとする。

図38　埼玉・東松山市の絵馬市

埼玉県東松山市妙安寺の馬頭観音は、関東三大観音の一つとして世に知られ、馬の守護神として崇められているが、この縁日が二月二十九日。観音堂に馬の図が一面に染めぬかれた幔幕が張りめぐらされ、境内には馬具・農具などの店が所せましと立ち並ぶ。そして馬頭観音の加護によって病魔から馬を守ってもらおうと関東一円の伯楽や農家の飼い主がどっと馬を曳いて参詣し、夜明け前から参詣人は列をなし、集まる馬や人のために「観音さんが汗びっしょりになる」といわれたほどにぎやかであったという。この祭のとき境内で絵馬屋が店開きをする。戸板の出店に馬の図の板絵馬をずらりと並べて、絵馬売りをするのである。いまはその店も少なくなっているが、盛時には百店をこえたという。

ここの絵馬は、五寸・六寸・八寸・一尺・

一尺二寸などと数種類あるが、六寸ぐらいのものがいちばん売れるという。図柄は青毛・葦毛・栗毛・鹿毛などの毛色の馬の一頭立てとツナと呼ぶ数頭立てとある。買った絵馬は家に持ち帰り、厩の鴨居や表門、あるいは母屋の入口に吊るしたり打ちつけたり、また家によっては床の間に飾って牛馬安全・家内安全を願い、一年間無事に過ごすと古い絵馬は観音堂に返し、また祭に新しいものを買ってくるのである。

お地蔵さん

お地蔵さんに対する庶民の信仰はきわめて厚く、日本中いたるところに地蔵が祀られている。大寺の堂舎であったり、草深い草堂であったり、辻の小堂であったり、路傍の露仏であったりと、その祀られ方はさまざまで、その御利益もいたって多岐多彩であり、また特別に限定した御利益をもたらしたり、特別の祈願方法があったり、まことにバラエティーに富んでいる。それだけ人びとに親しまれたのであった。

もともと地蔵は仏教でいう一菩薩で、梵名を「クシティガルバハ」あるいは「クシャーハラナ」という。「クシティ」は大地・地霊を意味し、「ガルバハ」は童児・胎児・神児を意味するというから、「大地童児神」とでもいうべきものであるが、日本では平安時代後期に末法思想が広まり、浄土信仰が台頭してより、地蔵信仰が貴族のあいだに広まった。そして中世にかかるころから、右手に錫杖、左手に宝珠をもつ姿に一定するようになり、地蔵は現実界と冥界の境に立って、冥界に行くものを救ってくれるという性格が強調された。もともと大地の神であるゆえ、地下世界において地獄に堕ちる衆生の済度にあたると信じられたのである。

子供というのは未成熟な霊魂である。すなわち、人の霊魂は他界から現実界にやってきて、幾段階もの通過儀礼を経て、この世の人間として成長するが、子供はまだ初期の段階なので、その霊魂は不安定で、いつなんどきふたたび他界に引き込まれるかもしれない。そうしたとき、冥界と現実界の境に立って子供を救ってくれるのである。地蔵がしばしば井戸のそばに祀られているのもそのためである。井戸は地中・地下、すなわち冥界・他界に通じている。そのため子供はよく井戸に引き込まれるという。また実際に井戸は子供にとって危険なものであった。こうしたところから、今日伝えられる伝説のなかに、地蔵が童形に化身して苦難を救ってくれた話が多いように、地蔵はとりわけ子供の安泰を守ってくれるという信仰が普及し、そこから庶民のあいだに地蔵信仰が広く受け入れられるにいたったのである。

「賽《さい》の河原」の話もこうした信仰が根源にある。賽の河原は、子供が死後に赴き、苦を受けるところと信じられる冥途にある河原で、小児がここで石を拾って、父母供養のために塔をつくろうとすると、大鬼がやってきてそれを崩し去り、子供たちを責めさいなむという。これは子供がまだ母体にいるとき、母に多大の苦痛を与えたが、幼少にして死ねばまだその恩に報えぬことになるので、その罪を責められるというが、そのとき地蔵菩薩があらわれて、子供を救い守ってくれるという。この説話は『法華経』方便品に、

童子戯れに砂を集めて仏塔を作るも、みなすでに仏道を成す。

とあるのにもとづき、地蔵菩薩の信仰と結びついて中世以来広まったが、解脱上人貞慶《じようけい》の作と伝える『地蔵和讃』、さらにその章を詳述した『賽河原和讃』によってあまねく世に伝わり、人

びとの感涙をさそうのである。

こうした現実界と冥界の境に立って救うという性格が、現実世界の境に立って守ってくれるというふうに拡大されて、境の神・賽の神すなわち道祖神としての性格をもつようになった。村や町の入口に地蔵の祀られているのをよく見かけるのも、峠に地蔵が祀られているのもそのためである。

峠の地蔵

古い時代の人びとのもっていた「わがムラ」という観念は、現在の行政上の村境・町境よりも狭い範囲とされていたことが多く、そこに生活上の心意的な村境があり、現実的な村境とはかならずしも一致しなかった。その心意的な村境のなかが自分たちの世界であり、そこから外は別の世界、すなわち異郷と考えたのであった。その異郷との境は、虫送りする範囲であったり、悪霊のムラに入ってくるのを防ぐため、道切りの注連縄を張ったりするところであった。また地形の上から見て峠であることも多い。峠は物寂しいところであり、また故郷への郷愁をさそうところである。したがって、そこには道祖神や庚申塔や二十三夜塔などの石塔や塚が築かれている場合も多い。境を守り、行路の安全を守る野の神仏たちである。

これらの石塔と並んで、石地蔵の祀られていることもよく目にするところである。すなわち「峠の地蔵」であり、道祖神としての性格をもつ地蔵である。逆に道祖神が石地蔵の形をとっているといってもよい。それは、地蔵が現実と冥界の境に立って死者の苦を救う性格から、境峠の神の観念と習合したのであった。

童形の地蔵像が道しるべになっている例もよく見られ、所によっては「ミチオセ（道教え）地蔵」と呼ばれるが、これも道祖神としての性格をもつ地蔵の信仰を想起させるものである。

地蔵盆と化粧地蔵

毎年八月二十三、二十四日の地蔵盆を迎えるころとなると、地蔵さんを祀っている村や町内は、なにかしら浮き浮きした雰囲気を漂わせる。子供も年寄も地蔵盆の日を待ちかねるのである。近ごろふたたび地蔵盆は盛況となり、京都あたりでは「レンタル地蔵」がはやり、周辺にも影響を及ぼしている。地蔵を祀っていない町内や、新興住宅地では、子供のために、地蔵盆の行事を通じてコミュニケーションを形成しようとするのである。それに役立つほど地蔵盆というのは、人びとの厚い信仰の所産であり、共同体の紐帯として大きな役割を果たしてきたのである。こうした地蔵盆の淵源は地蔵講に求められ、それは古く藤原時代の治安三年

図39　京都の化粧地蔵

（一〇二三）、京中において疫病が流行したのちに生まれたと『今昔物語』巻十七第十話はいい、

此ノ講ニ縁ヲ結ベル輩、皆敢テ此ノ難（疫病）无シ、此レ希有ノ事也ト云テ、其ノ地蔵講弥ヨ繁盛也。

と記している。その後の地蔵講の様子についてはよくわからないが、安土桃山時代にはまだ町の年中行事として定着していなかったようである。しかし、近世になると「地蔵会」「地蔵祭」などと呼ばれて、町の年中行事となり、また子供中心の盆行事として根づいていった。

享和二年（一八〇二）に京を訪れた滝沢馬琴が『羇旅漫録《きりよまんろく》』のなかで、

七月廿二日より廿四日にいたり、京の町々地蔵祭あり、一町一組家主年寄の家に幕を張り、地蔵菩薩を安置し、いろ〳〵の備へ物をかざり、前には燈明挑灯を出し、家の前には手すりをつけ、仏像の前に通夜して酒もりあそべり。活花・花扇かけその外器物をあつめて種々の品をつくり、家毎に飾りおく町もあり、年中町内のいひ合せもこの日にするといふ。そのありさま江戸の天王のまつり仮宮の如し。伏見辺大坂にいたりてまたこれにおなじ。

といっており、江戸時代の上方における地蔵祭の様子をよく語っているが、今日の地蔵盆もこれとまったく同じ情景を現出している。

こうした地蔵盆にそなえて、町内の大人たちは、地蔵さんの堂舎の掃除をしたり、飾りつけやお供えをするが、子供たちが石地蔵のお身拭いをして化粧する風もある。そうした地蔵さんを「化粧地蔵」という。その風は若狭から丹波・但馬の地域、大津・京都、大阪府の高槻市とその

周辺、奈良県の北部と御所《ごせ》市・五条市の一部に見られる。いずれも二十三日の朝から子供たちが集まって「地蔵さんのオミヌグイ」といって、地蔵をきれいな水で何度も何度も洗い、胡粉（あるいはチョーク）を水で溶いて白・赤・青などの顔料を作り、それを顔や頭や衣の部分に塗って、きれいに化粧するのである。これは子供にとって楽しい行事であり、こうすることで、子供たちの身を守ってくれるという。

廻り地蔵

地蔵の御利益はきわめて多岐にわたるが、その御利益をあまねく受けるために、村や一定の共同体を地蔵が巡回する習俗がある。称して「廻り地蔵」、また「渡り地蔵」という。今日、山形・福島・栃木・群馬・埼玉・東京・神奈川・愛知・福井・京都・奈良・長崎などの各都府県に伝えられている。

廻り地蔵のうち、いちばん頻繁に廻るのがいわゆる「一日地蔵」である。奈良市中山町はいま約三百戸あるが、そのうち在来の農家百十戸を毎日順番に、地蔵が渡り歩いて祀られる。高さ二五センチぐらいの小さな像が屋形に納められ、一晩祀ると翌朝、屋形を抱えてつぎの家に送られる。祀るのも送るのも主として女・子供である。ここにも地蔵が女・子供に厚く信仰される性格がよくあらわれている。つぎの家に送ると、入口から、

　お地蔵さんお願いします。

図40　奈良の廻り地蔵

といって渡す。受け取って屋形を床の間に置き、米と灯明をあげる。祀ったあと、供えた米を十粒ほどご飯に入れて食べると体が丈夫になるという。あとの米はみな屋形の下についた引出しに入れておく。これがいっぱいになるとお寺へもって行くのである。

この一日地蔵に対して「三日地蔵」がある。これは三日間ずつ祀って廻るのである。奈良市丹生町の地蔵は、六十戸の家をすべて廻る。一五センチほどと二五センチほどの小さな二躰の地蔵が屋形に納めてある。この屋形は背負うようにした背負い厨子である。三日間祀りおえた晩方、主婦や老婆が屋形を背負い、御膳を供える容器を入れた弁当箱を捧げてつぎの家に送り、

お客さんが来やはったぞ。

といって縁側から渡す。受け取るとやはり床の間に飾り、朝・昼・晩御膳を供える。御膳は魚以外はなんでもよいという。また、この地蔵さんは子安の神さんで、赤い布が好きであるといい、赤い布や櫛・簪など女・子供にかかわるいろいろのものが奉納されて、屋形の下にある引出しに入れられる。この地蔵さんを祀っているおかげで、丹生町ではお産で死んだものが一人もいない

という。

奈良県宇陀市室生の廻り地蔵も三日地蔵で、ここでは手提げ厨子に納められ、提げて送られる。福井県三方上中郡若狭町にも三日地蔵の習俗があるが、ここは一ヶ村ではなく、数ヶ村を廻る広域の廻り地蔵である。

「一月地蔵」というのもあって、これは一般民家ではないが、東大寺の本坊と十七塔頭《たっちゅう》のあいだを、一ヶ月ずつ祀られながら廻る。

こうして各家を廻る地蔵のほかに、年一回の地蔵盆、毎月二十四日の地蔵の縁日に、堂から村や町の一定の場所や村境に移されて祀られたり、村境に祀られている地蔵がほかの場所やほかの村境に移されて祀られる場合もある。これも「廻り地蔵」に準じた巡回と考えられる。地蔵盆に地蔵を祀っていない町内には地蔵を貸し出す。京都中京区壬生寺のレンタル地蔵も、こうした形の近年の一例と見られないこともない。

福島県大沼郡会津美里町勝原の西勝原から、約三〇〇メートル東北の田の中に、「一本杉地蔵」と呼ばれる地蔵が祀られている。この地蔵は子安地蔵として信仰されていて、地蔵盆の旧七月二十六日の夕方、妊婦がこの地蔵を背負って正覚寺境内に移して祀る。妊婦は安産を願って、地蔵を背負うことを希望するという。そして二十三日の宵祭、二十四日の本祭には近在近郷の女子や子供がたくさん参って、安産と健康を祈るという。祀りおわるとまた妊婦が背負って一本杉に送る。迎えるときは軽いが、送るときは重い。それは地蔵が人びとの願いをみな持っていってくれるからという。

山形県新庄市上西山の東入口に祀られる地蔵は、旧一月と十月の二十四日の縁日に、老婆によって組まれている地蔵講の宿に移して祀られる。宿に当たった家の老婆が縁日の夕方、地蔵を毛布にくるんで抱いて帰る。途中だれにも会わないとその家に幸運が訪れるという。迎えると赤い帽子と着物を着せて床の間にすわらせ、念仏を唱えたあと御膳を供え、講中も一緒に食べてにぎやかに歌い踊り、みな交代で地蔵を膝に抱いて「遊ばせる」のである。地蔵と肌を接することによって、地蔵の恩恵を得、また、わが願いを受け取ってもらおうとするのであろう。

地蔵殿の名字

地蔵さんほどさまざまの名を冠して呼ばれる仏菩薩はない。「糸瓜薬師」や「田螺不動」など、薬師さんや不動さんもさまざまの名を冠して信仰されているが、とうていその種類と数は地蔵さんとくらべものにならない。それほど地蔵さんの名は多いので、世に「地蔵殿の名字」といわれた。それは稲荷と同じように、地蔵がある時期、流行仏としてあまねく信仰を広め、人びとがまたありとあらゆる御利益を要求したからであった。

なんでも一言だけは願いを聴き入れてくれる「一言地蔵」、疱瘡を治してくれる「疱瘡地蔵」、歯痛を治してくれる「歯形地蔵」、トゲを抜いてくれる「トゲ抜き地蔵」、白髪を治してくれる「白髪地蔵」その他、病気や怪我に御利益のある地蔵は枚挙にいとまがなく、それぞれ名にその御利益を冠している。「子種地蔵」「子安地蔵」「子育て地蔵」など、出産・育児に御利益のあるとされる地蔵、無病息災を願う「延命地蔵」など、どこにも祀られているし、火難除けに御利益のある「火焔地蔵」「火消し地蔵」など、各種災害から守ってくれる地蔵も、その名をつけて祀られる。さらに、「身代わり地蔵」「矢除け地蔵」「勝軍地蔵」などのように、身代わりとなって苦難を救ってくれたり、困難な仕事を援助して成就させてくれる地蔵も多い。

また地蔵には、祈願するさいの呪法や作法などの方法を冠した名もある。地蔵に泥をかけて祈願すると御利益がある「泥かけ地蔵」、油をかけて祈願する「油かけ地蔵」、地蔵を縄で縛って願をかける「縛られ地蔵」、蛸を禁食して祈願する「蛸地蔵」、日限を切って祈願する「日限地蔵」など、これも種類が多い。

図41　奈良柳生の疱瘡地蔵

　これらの地蔵には、それぞれの御利益の根源とその効能をものがたる霊験譚がついていて、語り伝えられており、それを整理すれば近世における民間伝承の目録ができるほどである。そのなかでもよく知られるのは、地蔵が農作業の援助をしてくれるという伝説で、それぞれ、「代掻《しろか》き地蔵」

「水引き地蔵」「田植え地蔵」「草取り地蔵」などがある。

「代掻き地蔵」については昔、村に七観音と地蔵を祀る男がいた。百姓の忙しいとき、どこから か見なれぬ子供がやってきて、代掻きの手伝いをしてくれることがあった。この子供は男の祀る地蔵の化身であったという。「水引き地蔵」については、毎晩小僧がお寺の寺領の田へ水を引き入れた。百姓が怒って棒でなぐって小僧の片腕を折ると、小僧は寺へ逃げ帰った。翌朝見ると地蔵の片腕がなくなっていた。小僧は地蔵の化身であったという。「田植え地蔵」については、旱天のとき、地蔵が二人の弟子とともに、寺に飼われていた白馬を連れ出し、一夜のうちに寺の周辺の田植えをすませた。翌朝村人が寺の裏から水が涌き出ているのを見て、地蔵が田植えをしてくれたことを知り、その地蔵を「田植え地蔵」と呼んで崇めた。また昔、百姓が田植えごしらえをして夕方田に苗を置いておくと、その夜地蔵がきて苗を植え、泥だらけになって畔に立っていた。百姓はもったいないと、地蔵に田を寄進したという。こうしたたぐいの話が少しずつ違えて各地に伝えられている。

恵比須、大黒天の出現

恵比須と大黒天は「福の神」の代表的存在であるが、ともに平安時代末期にその信仰が広まった。恵比須の名は外国人を意味するエビスと別のものではなく、本来は異郷から来臨して人びとに幸福をもたらすと信じられた神であった。いわゆる寄神《よりがみ》・客神《まろうどがみ》の信仰に根ざす神である。このエビスが夷神として摂津西宮に祀られ、それがさかんに世間の信仰を得て各地の神社に勧請されたのは平安時代末期のことである。

長寛元年（一一六三）奈良東大寺に江比須神が祀られ、仁安三年（一一六八）厳島神社にも江美須神が祀られている。建長五年（一二五三）には鎌倉鶴岡八幡神社境内に江美須神が祀られ、さらに乾元元年（一三〇二）には奈良に市神として夷神を祀り、延文四年（一三五九）にも大和常楽寺の市に夷社を祀っている。

なお、夷神が西宮に祀られる際、広田神社の摂社として祀られたが、そこには三郎殿と称する不動明王、百太夫と称する文殊や、南宮（阿弥陀）・児宮（地蔵）・一竜（普賢）・内王子（観音）・松原（大日）が祀られており、それらをあわせて北方の広田神社にたいして南社、南宮などと呼ばれていた。そうしたなかで夷社が時勢によって中心になり、これを合霊して各地で祀る場合、夷と三郎殿、あるいは夷と百太夫を並べて祀ることが少なくなく、そうしたところからいつのころからか夷三郎殿、夷百太夫と一つの神として混同してしまうようになった。

大黒天はもともとインドの摩訶迦羅という天界に住む荒々しい神で、三面六臂の忿怒の形相《ぎようそう》をした恐ろしい戦闘神であった。ところがその神が中国に伝えられると、唐代には寺院の食堂《じきどう》を守護する神に変化し、形相も一面二臂の柔和な姿になった。その信仰がわが国にもたらされると、まず比叡山に大黒天が祀られ、延暦寺の食堂の守護神とされた。天台宗の広まりとともに各寺院の食堂の神として祀られ、さらに民間に広まって台所の神として信仰されるようになった。

民間への浸透には大国主命との習合が大きな意味をもった。これは大国と大黒の音韻の類似もあるが、天台・真言両密教がそれを推し進めたのであった。比叡山の大地主神は大物主神すなわち大国主命であるため、この大地主神は大黒天の化現した神という考えによるものであった。

七福神の成立

室町末期にいたって、恵比須・大黒天を中心としていわゆる七福神が成立する。その七福神とは恵比須・大黒天・弁財天・毘沙門天・布袋和尚・福禄寿・寿老人である。しかしはじめから七福神としてまとまったのではなく、ときには六神であったり八神であったりしたが、『仁王護国般若波羅蜜経』受持品の、「般若波羅蜜を講じ読すれば、七難即ち滅し、七福即ち生じ、万姓は安楽にして、帝王は歓喜す」という、七難七福という仏教の文句から七福にしたのであった。

室町時代には類をもって集めて名数的に物を数えることが大流行したが、なかでも七という数はとくに歓迎された。のちにこの七福は天海僧正によって、寿命・有福・人望・清廉・愛敬・威光・大量の七つであるとされている。

恵比須は広田神社の摂社として祀られたが、しだいに本社より摂社の恵比須すなわち西宮の方が名高くなり、室町時代には西宮恵比須が本社たる広田の名を覆い隠してしまうほどになった。『伯家部類』広田社神拝次第には、

先づ南の宮にて、庭上に両殿に再拝す。次に奥の戎にて同じく二拝し、次には戎社にて同じく両殿に再拝す。次に今の戎は同じく二拝し、次に内の王子は同じく二拝す。次に名のり次に同じく二拝す。次に広田社同じく両殿に再拝す。

とあり、まず戎社に詣でてのち広田社に詣でると記している。応永十二年（一四一一）四月の資忠王、永正二年（一五〇四）九月の忠富王の社参もともに西宮戎を先にしているのである。

こうした恵比須信仰の普及には、西宮戎の神人の活躍があった。彼らは「戎かき」あるいは「戎まわし」といって、傀儡舞《くぐつまい》を携えて各地を漂泊し、

西の宮の恵比須三郎左衛門尉、生まれ月日はいつぞと問えば、福徳元年正月三日、寅の一時まだ卯の刻になるやならずに、やっすやっすと御誕生なあされた――

などと、恵比寿のおいたちを述べて、舞を舞って恵比須信仰をもち歩いた。この恵比須舞が日本

の操り人形、人形芝居の源流となったのである。

大黒天の信仰は『鹿塚《しかつか》物語』によると天文・永禄（一五三二～六九）のころ急速に民間に広まったといわれるが、そのときすでに大黒天は温和なむしろ滑稽な神となり、俵をふまえて打出の小槌を持った姿に固定されていた。そして、恵比須とともに台所の戸棚や柱にとりつけた棚の上に祀られ、主婦がそれを司祭するようになった。僧侶の妻を梵妻というが、梵妻を「大黒」と呼ぶようになったのも室町時代のことで、『梅花無尽蔵』の長享二年（一四八八）の話にそのことが記されており、梵妻が寺院の台所を司るものであることを語っている。このころまた、

一に俵ふまえて、二ににっこり笑うて、三に酒つくりて、四に世の中よいように、五ついつものごとくに、六つ無病息災に、七つ何事もないように、八つ屋敷ひろめて、九つ小倉を建てならべ、十でとうと治まる御代こそめでたかりけれ。


という歌が生まれ、旅芸人たちがこの歌をうたって舞をして歩いた。それが大黒舞で、この大黒舞によって大黒にたいする庶民の信仰がいっそうさかんになったのである。

そしてまた、室町時代末期には大黒の授福物語がさまざま語り伝えられた。『大悦物語』に、清水観音の功徳によって富を得た大悦立助という孝行者が、大黒天から隠れ蓑・隠れ笠・打出の小槌・如意宝珠などを貰って、その家がますます繁昌し、盗賊の襲来も大黒天と戎三郎によって撃退された。そのことが天皇の耳に入り昇殿を許され、壬生中納言の娘を娶り、その三子は中将・少将・侍従になっためでたい話が記されている。

また、大黒天の神使を鼠とする信仰も広まった。家鼠は古くから霊獣視され、中国では三百歳の鼠が卜占をしたという話もある。だから鼠はしばしば災害を予知する力をもち、火事・地震など異変のおこるときはそれを察知して、家から姿を隠してしまうという。

この鼠の信仰をものがたるものとして、大和下市（奈良県吉野郡下市町下市）の鼠長十郎の話も語り伝えられた。この男はたいへん裕福になったが、それは昔伝教大師が刻んだという三面大黒天がこの家に祀られていたからで、またその眷属である鼠にちなんで、みずからの名を鼠の字を用いて鼠長十郎とするほど大黒天を信仰したからであるという。

なお、家々に大黒天のお札や神像を柱に祀り込む風もおこり、その柱を大黒柱と称したが、室町時代末期から安土桃山時代・江戸時代初期にかけて、土間と床張りの部分の境界にあたる中心柱を大黒柱と呼ぶようになり、それに相対する柱を小大黒あるいは恵比須柱と称するようになった。

かように恵比須と大黒天は室町時代末期にもっとも流行し、招福の神として「世間こぞりて一家一館に之を安置せずと言ふ事なし」といわれるほど、この二神の画図がでまわった。その画図たるや真面目な神像もあるが、大黒天が布袋和尚と賭博をしている図や、恵比須が布袋和尚と首引きをしている図など、おどけた図が多かった。ということは庶民に恵比須・大黒天が親しまれたということであった。

ところで、七福神の成立以前からすでに個々の福神の信仰は徐々に広まっていた。竹生島《ちくぶしま》の弁財天、鞍馬の毘沙門天などはその例である。弁財天はもともとインド神話にあらわれる河川神サラスバティであったが、美音天・妙音天・妙天音楽・大弁才天女などと訳され、略して弁才天と称された。サラスバティ河の流水の音が音楽そのものであるとの感覚から、音楽や弁舌の神として信仰され、その信仰が仏教とともにわが国に伝来し、すでに奈良時代から造像されるようになった。東大寺法華堂の像などはその代表的なものである。中世になって源頼朝の願意によって文覚《もんがく》上人が相模江の島にこの神を勧請したことが、『吾妻鏡』に見え、江の島弁才天が室町時代になって福の神として民間に信仰され、そこから弁才天も弁財天とされるようになり、七福神のなかに入れられることになった。

この弁才天が福神として七福神の一神とされる以前は、鈿女命《うずめのみこと》をあてたこともあった。鈿女命は天照大神の岩戸籠りのとき、窟前で滑稽の態を演じたため、のちに俳優の元祖と仰がれるのであるが、また天孫降臨に従って猿田彦命の苦り切った渋面を和らげたというところから、のちにお多福面にも見立てられたほどの道化者として、福神とも考えられたのであった。

毘沙門天はもともと軍神として国家鎮護の神とされていたが、室町時代末期にいたると一転して財産を授ける神として信仰されるようになり、『蔭涼軒日録《いんりようけんにちろく》』長享三年(一四八九)六月三日の条に、

都寺に祝りて鞍馬に参る。帰るに及び毘沙門一体を持ち来りて云はく、今日は三日の庚寅にして、六十一回の寅也、と。貴賤男女、詣でる者凡そ二万人許なり、云々。

というほどであった。

布袋和尚は他の六神とはいささか趣を異にしている。物事に拘泥せぬ風采が室町時代末期の世相と合致し、布袋和尚が多く画図の題材とされ、人びとに受け入れられたのである。そのさい布袋和尚を弥勒菩薩の分身とする思想が、布袋和尚を福の神たらしめたのであった。『梅花無尽蔵』に、

布袋和尚は蓋し阿逸多《あじた》の分身なり。阿逸多は或は梅多里《みとら》と号す。故に賛語し茲に及んで云ふ。……梅を借りて為に逸多翁と号す。杖つきて笑声を掛け市中に遊ぶ。洒薄なれば只今は顔未だ酔はず。当来の世を待ちて春風を酌まん。


と記されている。阿逸多は弥勒菩薩の異名である。弥勒菩薩は釈迦入滅後五十六億七千万年後に弥勒浄土より現世に下生《げしょう》して、衆生救済を果たす仏菩薩である。奈良時代初期に伝来して貴族社会に受容されたが、平安時代天台・真言両宗のなかで広く説かれ、室町時代末期に民間に広く普及したのである。そうしたところから布袋和尚が福神として民間に定着したのであった。

福禄寿と寿老人はもと同一の南極寿星化身の仙者であったが、室町時代に別個の仙人として描かれたため二神に分離した。そして福禄寿は背が低く、頭が長くて髭が多く、経巻を結びつけた杖を持ち、鶴を連れている姿にされ、寿老人は頭が細長く白い髭をたらし、杖と団扇を持った短身の老人とされたのである。そして、ともに福をもたらす神とされ、こうして室町時代末期には七福神が勢揃いしたのである。

七福神めぐりの成立

江戸時代に入ってからの福神への参詣については、延宝四年（一六七六）・貞享二年（一六八五）の序をもつ黒川道祐の『日次記事《ひなみきじ》』が紹介する正月行事には、元旦の暁に街頭で恵比須と毘沙門天のお札を買えば、その年は福が得られるとの信仰があること、七日に東山霊山の弁財天堂で富くじがあり、鞍馬では三種の宝物が参詣人に授与されることや、鞍馬毘沙門天の初寅参りには「福掻き」の鑰《かぎ》や「御福」という毘沙門天のお使いの蜈蚣《むかで》が売られることなどが記されている。また「およそ本朝専ら神社を崇む。その中、俗間、福を祈るもの、宇賀の神ならびに恵比須および虚空蔵、毘沙門天、弁財天、吉祥天、大黒天を信ず」と七福神に触れている。吉祥天が入っていることは、福禄寿と寿老人が同じ寿星であるところから吉祥天にしたのであろうと思われるが、宇賀神や虚空蔵菩薩が入っており、この時代にはまだ福神祭祀に変動があり、地域によってはまだ福神自体に変化があったのであろう。

七福神を本来の七福神に揃え、近辺の七福神を巡拝するいわゆる「七福神めぐり」は、江戸時代後期に成立した。それは平安時代末期からおこった観音霊場巡拝と同じ心意によるもので、多くの神仏をめぐって礼拝することによって御利益を得ようとするものであった。京都七福神めぐりが日本最古といわれ、創設年代は不詳ながら、おそらく寛政年間（一七八九～一八〇一）のころであろうと思われる。そこから七福神めぐりの風が江戸に伝播し、谷中七福神めぐりがはじまった。享和年間（一八〇一～〇四）前後のことを記した『享和雑記』に、近ごろ正月初出に、七福神参りといふこと始まりて、遊人多く参詣することとなれり、その七福神とは、不忍の弁才天、谷中感応寺の毘沙門、同所長安寺の寿老人、日暮《ひぐらし》の里青雲寺の恵比寿・大黒・布袋、田畑西行庵の福禄寿なり。近ごろ年々にて福神詣でする人多くなれり。

といっている。これが今日に伝わる弁才天（上野不忍池・弁天堂）、毘沙門天（谷中・天王寺）、寿老人（谷中・長安寺）、布袋尊（日暮里・修性院）、大黒天（上野公園・護国院）、恵比寿（日暮里・青雲寺）、福禄寿（田端・東覚寺）である。

谷中七福神めぐりに次いで文化年間（一八〇四〜一七）に墨田川七福神めぐりができた。向島の三囲《みめぐり》神社の恵比寿・大黒天、白髭神社の寿老人、多聞寺の毘沙門天、弘福寺の布袋尊、長命寺の弁才天、それに花屋敷百華園に祀り込んだ福禄寿を迎えるものであった。

太田蜀山人や谷文晁らの文人は隅田川の舟遊びに、百華園から舟を出し、これに各寺社が出す小像を七体そろえて乗せ、七福神乗合の趣向を凝らしたという。これが今日に伝わる毘沙門天（墨田・多聞寺）、福禄寿（東向島・白髭神社）、弁才天（向島・長命寺）、布袋尊（向島・弘福寺）、恵比須（向島・三囲神社）、大黒天（向島・三囲神社）である。

山手七福神めぐりもこの時代にはじまったといわれる。今日の恵比須（下目黒・滝泉寺）、弁才天（下目黒・蟠竜寺）、大黒天（下目黒・大円寺）、福禄寿（白金台・妙円寺）、寿老人（白金台・妙円寺）、布袋尊（白金台・瑞聖寺）、毘沙門天（白金台・覚林寺）である。

同じころ、大和でも七福神めぐりが行われた。毘沙門天（信貴山・朝護孫子寺）、布袋尊（当

図42　七福神乗合船の図（英泉画）

麻・当麻寺中之坊）、寿老人（久米・久米寺）、大黒天（高取・子嶋寺）、恵比須（小房・観音寺）、弁才天（安倍・文殊院）、福禄寿（多武峯・談山神社）として今日行われているのがそれである。このほか各地に多くの七福神が設定され、巡拝が行われた。

日本人の祈りのかたち

現世利益

日本人の生活は、「祈願」と「報謝」の反復伝承によってなるといってもよい。それは年中行事の構成によってもうかがえるところである。年頭の予祝儀礼、春の豊作祈願、秋の収穫感謝の儀礼をはじめ、そのほかいずれの行事も、濃淡はあるにせよ、そうした性格をもっている。

こうした定例の儀礼のほかに、古くから臨時の祈願・報謝も行われた。それは主として共同祈願という方式をとり、雨乞いなど、その代表的なものであった。すでに古く、丹生《にゅう》川上（奈良県吉野郡東吉野村）や貴布禰《きぶね》（京都市左京区）の神に黒毛の馬を献じて雨乞い祈願、白毛の馬を献じて止雨祈願をしたことが『続日本紀』天平宝字七年（七六三）の条をはじめとして、多くの文献に記載されており、そうした水の神に馬を献じて祈る習俗が広くあったことは、京都の大藪遺跡や奈良の稗田遺跡をはじめ、多く出土遺物の上からも認められる。

共同祈願は、基本的には村落全体にかかわる事柄に対して行われ、今日も各地に伝承されているが、村内に重病人があったときなど、それが個人的な事柄であっても、村落全体のこととして受けとめ、千祈禱・千度参りなど村中・組中で行う共同祈願の方式をとることもしばしばあった。

しかし、時代がすすむとともに、社会生活は複雑となり、矛盾も随所にあらわれてくる。それだけ個人的な悩みも複雑化・多様化し、深刻化してくるから、それに応じて個人祈願が顕著になってくる。ここに個人による「願掛け」と「お礼参り」という儀礼の形式が、常民の世界に敷衍していった。それは近世以来とくに顕著となり、その態様は文化年間（一八〇四～一八）に二世並木五瓶（萬寿亭正二）や浜松歌国が著した『願懸重寳記《がんかけちようほうき》』などにもよく示されている。現実はきびしくいろいろの危難と挫折に直面する。そうしたとき、人はみな常世《とこよ》の世界や極楽浄土を求めるのではなく、常に現世利益を求める。そして、深遠な教理をもち、大規模な祭儀や修行を行う組織的な宗教より、大げさな手続きを必要とせず、即座に悩みを託せる親しめる神仏を選ぶ。それは多く「ムラ」の神であり、野の仏であった。かりに大社・大寺であっても近世以来、現世利益的側面を主要な活動の場としたもの、あるいは社寺域内の末社・小祠のたぐいであった。

また、人びとはみずからの生活にプラスに作用するものはより好みしないで採用したし、同じ神霊や仏菩薩であっても、信仰するものの生活様式や環境、そのときの願望に応じて、いろいろの現実的目的をもって崇拝した。そして、その信仰や御利益の内容も、神仏のほうから与えられるというよりは、祈願するものの側から要求する性格をもった。たとえば、京都の菊野大明神、足利の門田稲荷、東京板橋の縁切り榎は、縁切りをかなえてくれる神で、夫婦の離縁、男女の縁切りを祈願して絵馬を奉納するのであるが、縁を切るといえばなんでも絶縁してくれるものとし、夫婦の縁切り、情夫・情婦の縁切りから、病気との絶縁、盗人との絶縁、酒・博奕などとの縁切り、さらに戦争中は兵隊との縁切り、すなわち徴兵逃れの願掛けをし、軍服姿の男と祈願者本人が背中合わせに立つ図の絵馬をひっそりと奉納した。まさに祈願者から御利益を拡大して要求する民間信仰の性格を如実にものがたる。大阪四天王寺境内の、俗に「牛さま」という石神堂は、瘡《くさ》を平癒してくれる神といい、瘡を草になぞらえて、牛に草を食わせて治してもらおうと、牛の図の絵馬を奉納して願掛けする。のちには瘡だけでなく病気一切の平癒祈願から、家運隆盛までも祈願するようになっているが、こうした例はきわめて多い。

さらには、すでに信仰されている神仏に御利益を要求し、拡大するばかりでなく、人びとの生活感覚と直結した身近な御利益を与える神仏を要求し、つくりあげていった。ことに生活が多様化し、精神活動の活発になる近世中期以降、こうした傾向が強くあらわれる。ここにいわゆる「流行神」「流行仏」が生まれてくる。その代表的なものが稲荷であり、地蔵である。稲荷や地蔵、あるいは恵比須・大黒のように、すでに崇拝されている神仏の御利益を拡大し、また子安地蔵やトゲ抜き地蔵そのほか、何々地蔵・何々薬師・何々稲荷などと呼ばれるような御利益を細分化・専門化した神仏のほかに、人が神に祀られる場合もきわめて多い。それには家康の東照宮や秀吉の豊国神社などもあるが、そうした権力者や上層階級のものよりも、世俗の人を祀る例がきわめて多い。東京浅草寺境内に祀られる粂平内は、醜男であったので女のことから悲願千人切りの願立てをし、多くの人を斬ったが、のち懺悔して死ぬ前に自分の石像を刻み、たくさんの人の通るところに埋めて末代まで踏みつけてほしいと遺言した。この「踏みつけ」が「文付け」に変わり、さらに縁結びとなる。平内は恋のとりもちの神として有名となり、良縁を得るために人びとはここに祈願したという。また、本多忠朝は酒豪で酒癖が悪く、そのため出陣におくれをとってしくじった。のち死に臨んだとき、死後は酒癖の悪いものを戒めると言い残した。そこから忠朝は禁酒の神と崇められ、一心寺境内の本多忠朝の墓（大阪市天王寺区）にはその祈願者が絶えないという。かの鼠小僧次郎吉も処刑されてすぐ神に祀られ、迷子探しの願掛けがなされた。いまは受験に御利益があるという。こうした例は全国各地にいろいろな形で見られる。こうした神仏もまた流行神仏である。

このような神仏への願掛けの方法としては、まず願うことを心に念じて口の中で唱える。つぎに願掛けの内容をより具体的に示すため奉納物をささげる。この代表的なものに絵馬と呪物がある。第三に万事を神仏の絶対力に頼るとしても、さらに祈る側の熱意を神仏に徹底させるため、いろいろな難行・苦行を行う。この積極的な方法として千垢離や万垢離、百度参りや千度参りなどがあり、消極的には茶断ち・肉断ち、あるいは神使・眷属のたぐいの禁食が行われる。蛸薬師・蛸地蔵への祈願には蛸を禁食することなどがその一例である。そしてまたお札・護符をもらい、お守りをもらって身につけたりもする。もちろんこうした行為を併用する場合もしばしばある。

また、絵馬や呪物を奉納するさいに、すでにそこに奉納されているものを一つ借りうけ、願いが成就したときのお礼参りに、借りうけたものと新たに用意したものを合わせて、倍にして奉納することも多い。仙台地方では、百日咳が流行すると、どの神社からも申し合わせたように、鶏の絵を描いた絵馬がいっせいに姿を消してしまう。一帯の百日咳が影をひそめると、ふたたび鶏の絵馬がたくさん姿を見せる。しかも今度は新しいものがふえ、その数が倍増するという。それは、幼児が病気にかかると、父親が夜中、人目に触れないように近くの神社に忍び寄り、かかっている鶏の絵馬をもってきて荒神さんに祀っておき、毎日毎晩子供が咳き込むたびに絵馬の頭から水をかける。こうして全快するとお礼として絵馬の数を倍にして、もとの神社に奉納する。鶏は火の神・カマド神である荒神の神使なので、その絵馬にはすでに神霊がのり移ったものとして、それを自家に迎えて、また水をかけて心意を喚起したのであった。

京都嵯峨の車折《くるまざき》神社の神前には、願文を墨書した石が山と積まれているが、まずこの神石を借りて帰り、自宅の神棚に供えて毎日祈願し、願が成就すると近くの河原へ行って石を拾い、その石に満願御礼の言葉を書いて、借りた神石と一緒に神前に奉納する。高知県室戸市の金剛頂寺境内の小堂の前にもたくさんの石が積んであるが、ここでもこの石を一つ借りうけ、自宅の仏壇に供えて願掛けし、成就後は、浜石を拾ってきて二つにして納めるという。さらに複雑なものに、名古屋の糸瓜《へちま》薬師の作法がある。堂の前にたくさんの糸瓜が積まれ、それには一つ一つ満願御礼の言葉を書いた紙を貼りつけている。まず願掛けのさい、小さなお守りの糸瓜をもって帰り、自宅の仏前に供え、その糸瓜で体の悪いところを撫で、糸瓜の種を蒔き、願掛けが成就したころ、蒔いた種が育って実を結ぶとそれを薬師さんに奉納するからである。こうした一定のものを借りうけてきて願掛けをする方法はたくさんあり、『願掛重寶記』にも多く記載されている。

絵馬や呪物にはそこに神霊が宿るとの意識から、その神威・霊力をもって災厄を払い、守護してもらえると、護符と同じ扱いをすることもしばしばある。飛驒高山の絵馬は、毎年八月九、十日の絵馬市で買い求め、松倉山の馬頭観音で祈禱してもらい、絵馬に朱印をもらって、家の入口に「入り馬」になる方向に貼って、牛馬安全と家運隆盛の護符とする。埼玉県一帯では、東松山

図43　京都・車折神社の奉納石

市の鬼鎮神社の赤鬼・青鬼の絵馬を家の軒に吊るして、軒守りとしている。九州大分市白木白木浜の天満宮境内の鬼神さんは、頭痛によくきく神として信仰を集めているが、ここの鬼の絵馬も軒守りとして門口に吊るして、魔除けの護符としている。

また近畿地方では、子供の疱瘡除けに、鬼を疱瘡神になぞらえて、為朝の武勇をもって鎮めてもらおうと、為朝と鬼の力競べの図の絵馬を軒先に吊るした。こうした例も随所に見られる。

図44　為朝と鬼の力くらべの絵馬（大阪・奈良）

ところで、絵馬や各種呪物を奉納するさい、それらを奉納することによって、神仏は祈願者の心意をよく知ってくれるものと信じる一面もあった。だから祈願者の名は記さずに、せいぜい「申年男」「酉年女」というように祈願者の干支あるいは年齢と性別だけを記すことも多かった。それだけ神仏への信頼が深かったのである。またその絵や造形にしても、祈願者みずからの意志を表現するのに、機知に富んだ発想をして、要を得た表現をした。それに似たものは似たものを生ずるということ、すなわち結果は原因に類似するという考え方にもとづき、実際の出来事と類似の動作や状態を模擬したり、このようにありたいと望むことを感じさせるようにして類感を呼び、神慮・仏心を喚起さ

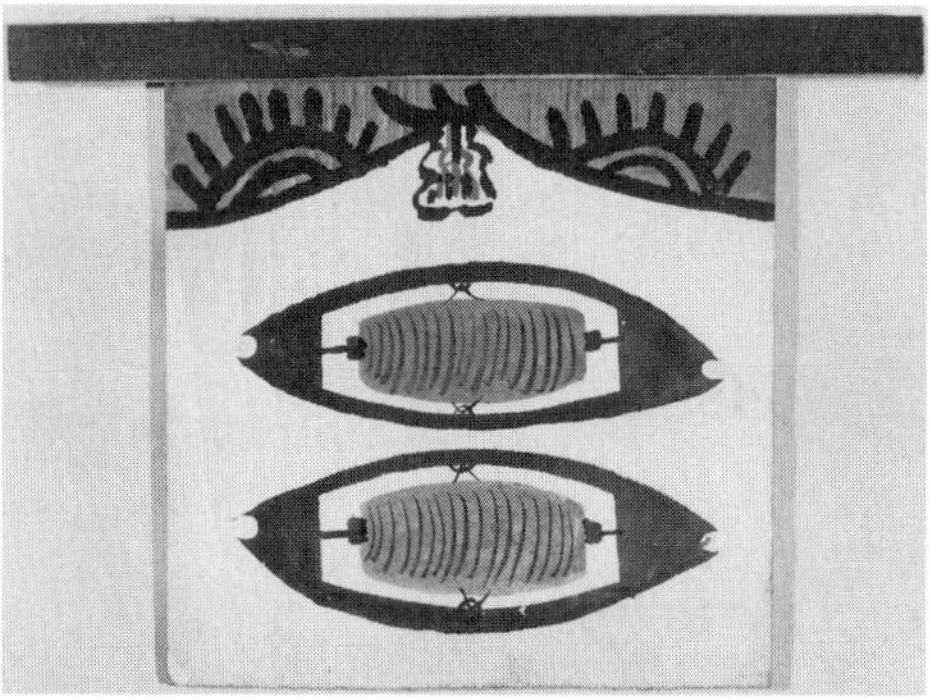
図45　梭（足利・大手神社）機織上達祈願

せる。すなわち類感呪術・感染呪術の作法を最大限にとったのである。絵馬もとくに祈願内容を描いたものは、神仏に対してこのようにしてくださいと、心意を誘導・喚起したものであることをよく示している。

昔は、入浴ぎらいや月代《さかやき》ぎらいの子供が多く、親にとって頭痛の種であった。奈良興福寺の「一言観音」、法隆寺の「峯の薬師」や大阪市天王寺区下寺町あたりでは、幼児が母親にすがっておとなしく五右衛門風呂に入っている図、子供一人が盥《たらい》につかって楽しんでいる図の絵馬を奉納して、子供の入浴ぎらいのなくなるように祈り、大阪住吉の月代地蔵や京都黒谷の熊谷堂などには、子供が素直に月代を剃ってもらっている図の絵馬を奉納した。子供の夜泣き封じに鶏の図の絵馬、瘡の平癒祈願に牛の図の絵馬や草刈り鎌の図の絵馬、眼病平癒に「め」の字が二つ向かい合って両眼を表彰した絵馬、中風やリューマチなど腕や手の病の治るようにと、両手や片手を描いた絵馬、機織りが上達するようにと、梭を描いた絵馬など、なにごとの表現かその事柄を端的に描いたものは数限りなく、また語呂合わせや、謎判じのような図柄にしても、くどくどしいものはない。呪物にしてもまったく同じことで、肩凝りを治してもらうために横槌、耳がよく聞えるようにと錐、脚が強くなるようにと草履、その他いずれもその要点をつかんでいる。

絵馬

絵馬を考えるとき、どうしても絵馬という一定の形式の生れる前の姿を求めねばならない。絵馬という言葉からしても、神と馬と人との関係が問題となるが、わが国においてこの三者のかかわりは久しく、そして古い。古代以来、日本人にとって馬は農耕・軍事・運搬などの実用以上に、宗教的意味をもつ霊異の動物であった。そして目に見えない神霊が、この馬に乗って人間界に降臨するものと信じていた。その痕跡は各種神事の神降しや祭礼の神幸に、また道祖神や田の神・山の神の祭に、そのほか歳時習俗や産育習俗、馬蹄石や駒繋ぎ伝説などの伝承や現行民俗のなかにさまざまな姿で伝えられている。こうした馬が神の乗り物として、神座の移動に必須のものであるならば、神事・祈願にさいして、神霊降臨のために馬を神にささげることは当然であった。この生馬献上の風については、すでに『常陸国風土記』に、鹿嶋大明神に馬を献ずることになったのは崇神《すじん》天皇の時代からと記しており、『続日本紀』をはじめ古文献には実に多くの神馬献上の記事が見える。

この生馬献上の風とともに、一方では生馬に代わって馬形を献上する風も生まれた。馬形についてもすでに『肥前国風土記』に、下田村の土を採って馬形をつくり、荒ぶる神を祀ってこれを和らげたという興味ある記事が見えるし、『続日本紀』でも神護景雲三年（七六九）大神宮および月次社に馬形を献上したことを記しており、随所に馬形献上の記事が認められる。そしてこれを証明するかのように全国各地からたくさんの土馬が出土している。この土製馬形からさらに木製馬形も出現し、『延喜式』にも木馬献上のことがしばしば記されている。

この馬形をさらに簡略化し、馬の形を板で作った板立馬があらわれ、なおいっそう簡略化して絵馬が出現した。この絵馬のおこりについて『神道名目類聚抄』や『神社啓蒙』は、生馬は献上できないもの、馬形をも造りえないものが馬の絵を献上したことにはじまると述べているが、これらの説は素直に考えて納得できるものである。ずっと後世のものであるが、山形県米沢市成嶋八幡宮の天文二十二年（一五五三）銘の神馬図絵馬、山形県南陽市赤湯薬師堂の弘治二年（一五五六）銘、福島県郡山市田村神社の元亀元年（一五七〇）、二年銘の神馬図絵馬などの画面に、「神馬一疋」の文字が見えるし、石川県七尾市松尾神社の享保二年（一七一七）銘の菅公図絵馬にさえ、「絵馬一疋」とあり、絵馬奉納には生馬献上と同じ意識が根底にあったことがうかがわれる。

また、巨勢金岡《こせのかなおか》の描いた仁和寺の絵馬から馬が抜けでて田圃を荒らすので、絵馬の両眼を抜いたといい、絵馬の馬が抜けでて困るので金網を張ったとか、杭を描きたして繋いだら害がやんだという話があちこちに伝わるのもその証左である。後世の小絵馬が、関西を除いてその画題がなんであろうと、板の上縁を屋根形にして、さらに屋根の部分に薄い板を合掌に貼りつけ、庇を出した形にしているのは、厩舎の屋根をあらわしたものであり、東北地方で、どんな図柄の絵馬でも「マッコ」という馬の方言で呼ぶのも、まったく同じ心意である。奈良市日笠の天満神社では、雨乞いには黒毛の馬を曳いて参り、日乞いには赤毛の馬を曳いて参って境内を駆け廻らせた。馬をそろえることのできないときは絵馬をもって代え、いまもたくさんの馬図絵馬が奉納されているが、これも絵馬が生馬献上の風習から移行し、発生したものである根拠となるのである。

ところで、絵馬の奉納はすでに古く奈良時代から行われていた。その遺品は浜松市の伊場遺跡や大和郡山市の稗田遺跡をはじめ随所から出土している。それは今日の小絵馬と同じような小さい板切れで、馬の図であり、池・沼あるいは溝の跡とも見られる泥水質のところから出土していることからしても、水の神にささげたものではないかとの想像を生むのである。

平安時代になると、かなり広い範囲に絵馬が存在し、奉納習俗があったらしい。『本朝法華験記』第百二十八の紀伊国美奈倍道祖神の条に見える「板絵馬」の記事、『今昔物語』巻十三の「天王寺の僧道公、法華を誦して道祖を救う話」の絵馬の怪異物語は、板立馬の形状であったかもしれないが、板絵馬と称するものが、紀州の片田舎の道祖神にさえかけられていたことをものがたっている。平安末から鎌倉・室町時代にかけての絵馬の状況は、『年中行事絵巻』『天狗草紙絵巻』『一遍聖絵』『春日権現験記』『不動利益縁起絵巻』『慕帰絵詞』などの絵巻物に描かれた情景をもって知ることができる。このなかでとくに注目されるのは、『天狗草紙絵巻』に見られるように、東寺（教王護国寺）に絵馬が奉納されていることである。東寺閼伽《あかい》井堂の絵馬懸行事はすでに平安時代からあったという伝説があるが、それは別としても平安末期から神仏習合の思想がいっそう強化され、民間では神も仏も区別することなく、神にたいする呪術儀礼が仏にまで及んだものと推測される。

また、実物遺品では奈良当麻寺の曼荼羅堂から発見された鎌倉時代の絵馬、奈良秋篠寺の本堂から発見された室町時代の絵馬がある。いずれもごく小型で素朴な板切れに、やや粗放ではあるが軽妙なタッチで描かれ、絵巻物に見られる絵馬とまったく同形式で、同じ図柄である。絵巻物の絵馬にしろ、実物遺品にしろ、寺院に奉納されている絵馬もみな馬の図であるが、それは仏教に馬の信仰が導入された結果でもあった。観音菩薩も馬に乗って示現すると広く信じられた。そのことは『宇治拾遺物語』巻六の、信濃筑摩の湯で、葦毛《あしげ》の馬に乗った上野国の馬頭主という武士を、観音菩薩として人びとが拝んだ話をはじめ、将軍地蔵尊や馬乗菩薩などの騎馬仏像の成立や、駒形神社の本地仏を馬頭観音とする習俗にもうかがわれる。

一方、室町時代中期になると、馬以外の画題もたくさんあらわれ、形状・仕様も多種多様になる。そしてとくに大型の絵馬もでき、専門絵師はもとより著名画家も筆をふるうようになる。奈良県天理市石上《いそのかみ》神宮の永享四年(一四三二)銘「渡御祭礼図」、滋賀県湖南市白山神社の永享八年銘、土佐監物筆「三十六歌仙図」などはその嚆矢である。また、奈良興福寺東金堂の文殊菩薩には、文殊菩薩騎獅子像絵図、馭者優塡王の随伴する図、獅子だけの図、あるいはこれに牡丹を描き添えた図の絵馬が奉納された。大永・天文・弘治・永禄・元亀・天正のものが今日に伝わるが、それらは南都絵所座の絵師の筆になり、興福寺の学僧が法華会・維摩会の竪義《りゅうぎ》のさいの成功を祈ったのであった。ほかに本尊薬師如来にささげた薬壺図などもある。文安年間（一四四四〜四九）の『栄根寺縁起』には、乳のでない女が、「乳上臈図」絵馬をあげたことや、その由来が記されているし、『多聞院日記』天文三年（一五三四）の条には、伊勢で「馬と俵と升と宝珠」の図の絵馬があげられたことが記されており、馬の図柄も変化するとともに、神仏の像や眷属のたぐいを描く図、祈願内容を描く図など、今日の小絵馬と共通する図柄が生まれている。ここから、絵馬は芸術的色彩をもつ扁額形式の、いわゆる大絵馬と、興福寺や栄根寺の絵馬のような民間信仰的要素を中心とした吊懸け形式の、一般にいう小絵馬の二つの流れをもって展開していくのである。そのさい、小絵馬こそが絵馬本来の意味からいっても主流を占めるものである。

近世前半の小絵馬の様相については明らかではないが、興福寺の絵馬の場合、慶長・寛永などの年紀銘のある実物遺品がたくさん現存しているし、村井古道の『南都年中行事』元文五年（一七四〇）興福寺東金堂文殊会の条では、奈良の町の手習い師範が子供たちを連れて参り、文殊騎獅子像などのを絵馬あげて書道の上達を祈った記事があり、これは昔からの風習であるといっている。こうした絵馬奉納の習俗は随処に見られたのではないかと考えられる。

しかし、なんといってもさかんになるのは江戸時代の半ばからである。江戸の町では稲荷の祠がたくさん祀られ、『東都歳時記』にいうように、二月の初午の前になると、絵馬屋が荷をかついで市中を売り歩き、それを買って稲荷に詣でて奉納した。また十二月の荒神祭にも絵馬がたくさん売られ、それが奉納された。上方でも『摂津名所図会』笠森稲荷の条に描くように、稲荷祭にも善男善女がみな絵馬を奉納しに参った。そして絵馬は俳句の季題として扱われるほどであった。こうして神仏の祭礼縁日や法会に、あるいは年中行事のおりおりに、また時をえらばず心のうちに秘めた悩みを和らげてもらうために、祈りをこめて絵馬を奉納したのであった。

したがって、奉納する神仏に伝えられる霊験の種類によって、奉納の目的も場所も局限され、奉納者にも種類ができてくる。加えて奉納者の願いが千差万別であるため、奉納の意味も内容も多様となり、図柄も実にバラエティーに富んだものとなった。いまその画題を類別すると、

馬の図
神仏の像を描いた図
神仏を象徴する持ち物などを描いた図
神仏に縁故の深い眷属などを描いた図
神仏の依代・祭具などを描いた図
祈願内容を描いた図
礼拝姿を描いた図
干支を描いた図
その他

となる。

このなかでもっとも図柄の豊富なのは祈願内容を描いた図である。そして小絵馬の普及・発達

の過程で、庶民の機知に富んだ図柄や、江戸風の洒落とかをとり入れた図柄も生まれた。子供の夜泣き封じや鳥目の平癒祈願に鶏の図、瘡《くさ》の平癒に瘡を草になぞらえて牛に食わせて治そうと、牛の図をあげるなどさまざまである。さらに奈良・大阪地方で、子供の疱瘡よけのまじないのために吊るした「為朝と鬼」の図の絵馬は、為朝が鬼界島に流されて島にすむ鬼を征服したという伝説にもとづき、鬼を疱瘡神になぞらえて為朝の武勇をもって鎮めてもらおうとする図であるが、この図の広まったのは、葛飾北斎が『椿説弓張月』の挿絵に描いた「為朝と鬼の力競べ」の図がもとになっているという。生駒聖天などに見られる「錠物」絵馬は、江戸時代末に江戸妙法寺祖師堂の「心に錠」の絵馬が評判となり、この図柄の絵馬が各地に広まった。

しかし一方では一般に「拝み絵馬」と呼ぶ礼拝姿を描いた図が広まった。どんな神仏にもどんな場合でもかまわず奉納できる普遍的なものである。江戸では昔「拝みあげる」といって、だいたい下の病か子供に関する願掛けであったが、これも各地に広まるにつれて、どんな祈願内容にも用いられるようになった。

呪　物

絵馬が呪術信仰の絵画的表現ならば、呪物はその造形的表現である。その根源は同じであるが、発生経過から見ると、呪物のほうが先行し、そこから絵馬が生まれてきたことは明らかである。いうなれば絵馬も呪物の一形態であるといえる。

呪物の存在は古く縄文時代に認められる。縄文時代における呪術にかかわる遺跡・遺物は多岐にわたっている。遺跡としては環状列石・立石・埋葬遺跡があり、遺物としては人体や蛇身装飾付き土器・土偶・土版・岩版・土面・岩偶・石棒・独鈷《どっこ》石・動物形土製品・装身具などがあるが、もっとも代表的なものは土偶・石棒である。すでに大分県岩戸遺跡からは先土器時代のこけし形石棒が出土しており、縄文時代早期以来その出土は枚挙にいとまがない。土偶の意味については諸説あるが、ある種の生活集団の繁栄と生産の豊穣を祈る呪物であったらしい。

弥生時代になると、呪物の形象はさらに多岐になる。ことに人をかたどった土偶・木偶をはじめ、人面土器なども出現する。木偶では滋賀県大中の湖南遺跡から、かなり大きいものが三体出土している。それらは比較的、写実的に表現されていて、祖先を象徴するものであったろう。大阪府池上遺跡からは弥生中期の溝から木製鳥形、岡山県用木山遺跡からは土製鳥形が出土しているし、山口県土井ヶ浜遺跡からは川鵜を胸に抱いた女性人骨が出土している。鳥は霊魂を運ぶものと意識され、同時に祖霊の象徴とも考えられた。

人形・鳥形のほかに鹿の骨や、鹿や竜の線刻土器などもある。『播磨国風土記』に、

生ける鹿を捕りて臥せて、其の腹を刻きて、その血に稲種まき、仍りて一夜の間に、苗生ひき。

といい、鹿が豊作祈願の呪術的動物であったことをものがたる。後世においても、鹿を神にささげる習俗は随所にみることができる。長野県の諏訪神社では、昔から鹿頭の神供が行われたとい

い、この習俗は秩父方面にも及び、埼玉県秩父郡皆野町の諏訪神社の森には、かつて血のしたたる鹿の頭を奉納して大願成就を祈ったといい、いまでも鹿の首がほこりにまみれて供えられている。またここでは実際の鹿の頭に代わるものとして、鹿頭を二つ向かい合わせにおいた図柄の絵馬が奉納され、埼玉県飯能市の諏訪神社にも同じ図柄の絵馬が奉納されている。諏訪神社は狩猟の神というので、狩猟の豊かであることを祈るようになっているが、『播磨国風土記』にいう信仰につらなるものである。また、鹿の骨を黒焼きにしたものは「チアンマエ」といって、婦人病に霊験があるというので、飯能の諏訪神社などでは、婦人病平癒を祈願して、鹿頭の絵馬を奉納するのである。ここにも祈願の多様性と霊験の拡大・多様化という民間信仰の特色が見られる。したがって、奈良県唐古遺跡出土の鹿の線刻土器も、豊作祈願の呪物であったろう。大阪府池上遺跡で竜をおもわせる動物の線刻土器が出土し、種子島広田遺跡では竜佩形貝製品が被葬者のシャーマン的装いをあらわすかのように多数出土している。

古墳時代になると、さらにいろいろの形代《かたしろ》が存在することは、各種石製模造品などの出土によって知ることができる。なかでも奈良県纏向遺跡の木製鳥形や舟形、和歌山県大白山遺跡の鳥形土器、あるいは奈良県石見遺跡の木製鳥形、人物・馬・鹿などの埴輪は特筆されるべきものである。

奈良から平安時代にかけては、その種類はますます多様化するが、一面で簡略化された形状になってくる。多くの人形《ひとがた》・馬形の出土を見るが、人形は京都の大藪遺跡・古殿遺跡・長岡京跡あるいは奈良の橿原遺跡・稗田遺跡・平城京跡などからたくさん出土している。人物にしても大小さまざまあるが、かつて大中の湖南遺跡から出土した木偶のように、立体的なものはなくなり、板を人形に切り抜いたものになっている。馬形も土馬は古い時代には実際の馬に似せて、ていねいに作られ、鞍や手綱をつけ、鬣《たてがみ》もリアルで、尾も下がりぎみに作られているが、奈良時代後期以降は簡略化され、尾もだんだん上を向き、平安時代初期には馬か犬かわからないような形になり、また小型になってくる。一方で薄い板で作った馬形・絵馬も出現してくる。

また、奈良時代後半から平安時代初期にかけては、多くの墨書人面土器が出土する。そこに描かれた顔は人びとの苦悩をあらわしているのか、あるいは疫病神をあらわしているのかわからないが、その土器壺に悪霊を封じ込めて祓いをしたのではないかと推察される。

呪物には樹木、石や砂など自然物も数多く存在する。『筑前国風土記逸文』に、神功皇后が外征のおり、出産を延ばさんと、神石をもって腹を撫でたと記されており、当時、石がすでに呪物として広く用いられていたことを推察することができる。今日も「撫で石」「跨ぎ石」など出産や治病に効があるとされ、このような例ははなはだ多い。また、京都梅宮神社の砂のように、社殿の下の砂を「ウブスナ」といってこれをもらい受け、衿につけておくとか、産室に撒いて安産のまじないとする風がある。また昔、浅草観音本堂の縁についた参詣人の下足の砂を集めて売っていたが、この砂を店先に撒いておくと人足が繁くなり、客引き商売が繁盛するといったし、秋田県男鹿市で子授け祈願に、州原神社から砂を借りてきて寝所に置く風があり、こうした一種の

図46　法隆寺峰の薬師に奉納された錐

類感呪術がよく行われた。

　ところで中世・近世と時代を経るにつれ呪物もますます多様化するが、とくに近世の流行神の盛行に伴ってそれは顕著となった。静岡市葵区安南寺の地蔵は、願いごとを日を限ってかなえてくれるところから、「日限地蔵」の名で親しまれている。祈願のさい小さな仏像を奉納するが、このように祈願対象の像を奉納するところも少なくない。また、東京浅草本覚寺の蟇大明神には疣《いぼ》の平癒を祈願して、瀬戸物の蟇を借りてきて、治れば新しいものを加えて奉納する。東京北区王子岸の王子稲荷には、賭事一切を断つことを祈願して瀬戸物の狐を供えるし、奈良大安寺八幡では安産を祈願して、瀬戸物の鳩を供える。こうして祈願対象たる神仏を象徴するもの、あるいは眷属のたぐいの造形物を奉納あるいは授与することも随所に見られるし、鳥居形を奉納する例、あるいは京都伏見稲荷や、大阪能勢の「妙見さん」に、病気平癒や家内安全を祈って、参道に小さな紙旗を何本も立ててまわるように、祭場の標示物であるミニチュアを奉納する。

しかし、祈願の内容を表象する造形物を奉納することがもっとも多い。新潟県村上市では耳の病の平癒祈願に、自分の年の数だけ白山神社に蟬殻を奉納する。また奈良地方では耳がよく聞こえるようにと、法隆寺「峯の薬師」に錐を奉納する。石の真中に穴のあいた「耳石」を薬師如来に奉納する風は全国的で、耳の穴がよく通るようにとの呪術である。神奈川県小田原地方では、咳が治るようにと佐奈田霊社に鋏を奉納する。咳の根を切ってしまおうというのである。

足の痛みの平癒に、新潟県村上市では河内神社の仁王杉に藁製の足形・手形を奉納するし、大分県日田市の腰折れ地蔵にも、腰病平癒のために足形・手形を奉納する。福島県の羽黒山神社には藁製の大草履が奉納されるが、足の病平癒のために草履を奉納する風は全国的に見ることができる。また、手足にトゲのささったときには、「トゲ抜き地蔵」の名で知られる京都上京区千本上立売の石像寺の地蔵尊に、釘抜きやヤットコなどを奉納する。

子授けでは、東京上野不忍池のヒゲ地蔵に男根形の石や木片を供えるし、夫婦和合・安産のために、長崎県壱岐市の唐人神に男根・女陰をかたどったものを供え、安産のために高知県土佐市須崎の青滝寺や静岡県伊東市音無の音無神社へは、底抜け柄杓を奉納する。子供がとどこおることなくすっと生まれるようにというのである。また乳がでなくて困ったとき、福島県伊達郡国見町の「乳神さん」や、名古屋市瑞穂区直来町の海上寺や、和歌山県伊都郡九度山町の慈尊院、高知県安芸郡の長谷地蔵などには縫いぐるみの乳形が奉納する。こうした例は各地に多く見られ、また乳の祈願だけでなく安産・育児の祈願をする。

祈願の内容を表象した呪物は数限りなく存在するが、かくありたいと願う状態を形象化した造形物、希求する状態にするのにもっとも効果的な手段・道具などを造形化したもの、それらはときに暗示をあたえるもの、あるいは謎判じのごとき表現をとる場合がしばしばある。これらは絵馬の図柄にあらわれるところと、まったく同じであるといえる。

さらにまた呪物の場合、杓子を奉納する風が広まっている。これらはその願い事がなんであれ通用するもので、小絵馬の「拝み」と同じような性格をもっている、もちろん杓子をもってきたことにも意味がある。杓子は飯をすくい取るものであるから、「メシトル」を「召し捕る」にかけて、災いをもたらす悪霊を召し捕ろうとすること、飯すなわち穀霊を掻き集めるものであるため、福を掻き集めようとの意もこめているのである。呪物の特色として、しばしば身につけるものを奉納する場合がある。縁結び祈願に山形県最上郡最上町の月御腰神社や名古屋市熱田区の畑中地蔵には腰巻を奉納する。子供の胃病平癒に、福島市大森のカゲ八幡にすでに奉納されている下着を借りてきて、平癒すると新しい下着を加えて奉納する例などがある。現代の流行神であるポックリさん、奈良県香芝市阿日寺や斑鳩町吉田寺の阿弥陀如来に、肌着を奉納して安楽死を祈願するというのもそうである。もう一つの特色は、祈願対象固有の呪物で患部を撫でる方法である。頭痛のさい、東京文京区大円寺の焙烙《ほうろく》地蔵の焙烙を頭にのせる。咳の治らぬとき、東京江東区亀戸石井神社の杓子で患部を撫でる。痔を治すために東京目黒区成就院の蛸薬師の撫でで石で痔を撫でる。安産祈願に神戸市灘区徳井神社の箒の宮の箒を借りてきて腹を撫でるなど、その例は多い。こうしたところから、呪物には護符的性格をもつものが多く見られる。

お札

お札は、紙片や板切れに神仏の尊名や、崇拝する神仏を象徴する図を描いたもので、神霊が宿り、その神威霊力をもって悪霊や災厄を払い、守護してくれるものと信じた。したがって神社・仏閣から出される祭神・本尊の尊号や御影の符札は、その分霊として祀り、また護符として丁重に取り扱われる。その起源は明らかでないが、古くは『備後国風土記逸文』に、蘇民将来の子孫が疫を免れるために、神の教えのままに腰に茅《ち》の輪をさげたと記されており、祓いの料である茅《ちがや》や麻を切って包んだものが祖型であったらしい。それが平安時代以来、大陸の道教風の呪符の影響などがあって、神仏習合時代に一定の形式をととのえたものと推察される。

伊勢神宮から出される大麻《たいま》は、神社のお札のもっとも古いもので、代表的なものであるが、そのはじめは「御祓」といい仏寺の巻数に似たものであったという。巻数は、経巻の名称と読んだ巻数を記したもので、それを祈願者に渡したのである。そこには読経の功徳がこもり、また本尊の霊力がのり移ったものと考えられた。伊勢の大麻もこれと同じく、祓いの詞を読んだ数、お祓いをした度数によって、千度祓い・万度祓いなどと称して祈願者に頒布し、これを「御祓いさま」などと称したのである。

熊野権現から出された牛玉宝印《ごおうほういん》のお札は有名で、古くから全国にいきわたっていた。それは玉に烏を集めて「牛玉宝印」をかたどったもので、修験山伏らが各地に頒布し、これをもらった家では、家の内に貼って護符としたのである。それは神霊のこもるものであると考えたため、起請文の用紙に用いられ、神の権威をもって誓約を保証し合う習俗も広くいきわたった。碓氷峠の熊野神社のお札は、「烏牛玉」とか「牛玉祓い札」と呼ばれ、群馬・長野両県にまたがる農家に、春秋二回神主が配ってまわる。和紙に烏の群れた形を刷ったもので、農家ではそれを竹串にはさんで苗代の水口に立て、水口祭をする。中世以来、牛玉札はどこの社寺でも出すようになり、家屋敷・村のお守り、農作のための虫除け・風除けなどのお守りにされた。

図47　蘇民将来子孫の門のお札をつけた注連縄

　こうして広まり、日常の暮らしのなかにくい込んだお札は、開運・家内安全・安産・無病息災など、幅広く積

図48　茅の輪（堺・大鳥神社）

極的に人びとの願望と結びつき、今日も生きつづけている。

ところで伊勢の里では、どこの家も門口の注連縄には、「蘇民将来子孫の門」「蘇民将来子孫の宿」と書いた木札がとりつけてある。これは悪霊の侵入を防ぐ護符といわれる。

それはさきにあげた蘇民将来の故事によるもので、昔、北海の武塔神が、南海の女神のもとにヨバイにでかけたところ、日が暮れたので将来兄弟に宿を請うた。弟の巨旦将来は富裕であったのに宿を貸さなかった。兄の蘇民将来は貧しかったが、快く宿を貸し、粟柄《あわがら》を座とし、粟飯を炊いてもてなした。武塔神は大いによろこび、のちに年を経て、八柱の神を引き連れて赴き、恩返しに蘇民の妻と娘に茅の輪を腰につけさせた。するとその夜、蘇民一家を残してみな疫病で死んでしまった。そのさい、われは素戔嗚尊《すさのおのみこと》である。後世、流行病があれば、蘇民将来の子孫と称して、茅の輪を腰に付けよ、そうすれば疫をまぬがれるであろう。

と語ったという。

後世、疫神武塔神が、大陸系の類似の神であった祇園社の牛頭天王と同一視されるようになって、いっそうその信仰が広まった。そして疫病除けとして、門口に「蘇民将来子孫の宿」などと書いて貼る風習が広まり、伊勢地方では、年頭にあたって疫病退散の祈りをこめ、注連縄にこの札をつけて飾る風が生まれたのである。

長野県上田市の国分寺八角堂では、正月八日、柳材の六角の短い棒に、「蘇民将来孫人也大福長寿」と、朱・黒で交互に書いたものが、悪疫退散の護符として授けられる。これに紐をつけて腰につけるようにしたものもある。東北地方にいたると、この棒を小正月の祝いの棒として、正月十四、十五日に授けられ、これを奪い合って取ったものが、幸運にあたるという。

なお、各地の神社で、六月晦日の夏越の祭に、大きな茅の輪が立てられ、参詣者がそれをくぐって災厄をまぬがれる呪法をするのも、この蘇民将来の故事によった信仰である。

お守り

お守りは、それを身につけることによってそれぞれ目的を達すると信じられているもので、福徳利益のお守り、延命長寿のお守り、道中安全のお守りなどさまざまある。近ごろは道路の発達と自動車交通の隆盛から、交通安全のお守りがあるし、受験競争ともいうべき状況を反映して、学業上達・合格成就のお守りもたいていの神社・仏閣で授与している。

もともとお守りは、そこに神仏の霊力がこもり、神秘的な力をもつことにより、その目的を達することができると信じられた。したがって、髪や骨、木や石、鏡や剣などがあり、それを身につけたり身辺に置くことによって、身の安全が守られるのであった。また、特別に呪力をもつと信じられたもの、あるいはそれをかたどる文様を身につけてお守りとすることもあった。

変わったものでは、タツノオトシゴが安産のお守りとされる。タツノオトシゴは雄が腹部に卵嚢を持ち、雌の産んだ卵を入れて孵化させる。これを左の手に握っていればお産が軽いというのである。背守りという形式のお守りもあり、幼児の一つ身の着物の背縫いの衿のところに、桃の実や松葉などを縫い付ける風があるが、桃の実や松葉そのものに、すでに呪力があると信じられた。

人はまた自分の背に非常に気を配った。悪魔は常に背後から忍び寄ってくると考え、背に悪魔を退散させる呪力をもつものをつけて、身辺安全のお守りとした。そのはじめが、着物の背中に呪力をもつ文様をつける風であった。菱形や星形の文様がそれで、東北や北海道の着物に見られる背中の大きな文様は、それが根本になって発達したのである。今日、一般に着物の背中に紋をつけ、それをもっとも表象的にするのも、そうした意識・風習が根源になっているのかもしれない。背に気を配ることは、背を表、すなわち前と同じに重んじ、またそれ以上に大切にすることであったろう。

文様をお守りとする風は、海女《あま》の社会にも濃厚に伝わっている。志摩の海女が海に潜るときかならず身につけ、お守りとするのが磯手拭いである。それには☆印や籠目印の文様を、黒糸で縫いとったり、イボニシ貝の液やウニのトゲで書く。星印は一度縫ったあと戻って縫い返すところから、かならず浮上して帰ってくるようにといい、またはじめも終わりもないので、魔が入り込むすきがないという。籠目文様は多くの目で悪魔の目をくらまそうというのである。

人はまた、昔から身にかかる災厄や危難を避けるのに、自分の身代わりを考えた。自らの形代《かたしろ》すなわち人形《ひとがた》を作り、それに災いを移して身を守ろうとした。人形《にんぎょう》もこの人形なのであった。古く縄文時代の土偶はそれである。生活の場において男子と同じ力量をもって働き、それ以上に出産という苦難をもつ女性が、土でかたどった女性の小さな人形をお守りとしたのである。雛人形は同じくヒトガタからおこったもので、これに災いを移して川に流したのである。鳥取県あるいは吉野川・紀ノ川沿いの村落の流し雛の行事に、その形をとどめている。吉野川・紀ノ川に流した雛は、和歌山市加太の淡島明神にたどりつくというが、この淡島明神では小さな守り雛が授与される。きわめて小さな立ち雛であるが、婦人の身辺安全のお守りとして、多くの婦人がこれを授かる。昔は単に婦人の身辺安全ばかりでなく、海上安全・武運長久のお守りとしても有名であった。

今日、車にいろいろの人形を吊るす風がさかんである。日本人形あり西洋人形あり、また抽象的な造形人形ありとさまざまで、それはマスコットすなわち幸福をもたらすもの、また一種の飾りとして吊るしているが、その根本はヒトガタで、道中の災難をその人形に身代わりとなってもらって免れようとするもので、明らかに交通安全のお守りである。

奈良の法華寺に詣でると、珍しい犬のお守りが授けられる。あまり小さいので「罌粟《けし》犬」と呼ばれる。法華寺は法華滅罪の寺と称し、奈良時代に藤原不比等の居宅を、その娘である光明皇后が喜捨して建立した大寺である。その光明皇后が一千座の護摩供養をして、十七日間法華経を読誦、その灰を清浄な山土と混ぜ、手ずから犬を作り、諸人の病苦・災厄・難産を除く願を掛け、結縁のものに授けたのにはじまるという。歴代門主がみなこの相伝を継ぎ、本尊にささげて祈禱のうえ参詣者に授与するようになった。一個一個がすべて尼僧の手で丹念に仕上げられるので、その表情に微妙な変化があるかわいいお守りである。

犬は多産で安産の習性をもっているところから、犬のように安産でありたいと願い、犬の土人形や張り子がしばしば安産のお守りに用いられた。宮廷では平安時代のころから、婦人が犬張り子を座右に置いた。それは犬の伏した形であるが、蓋付きの箱になったものもあり、それを犬箱といって育児の呪具として用いた。これが内裏雛にもついてくる。また民間では、犬の立ち姿の張り子細工を作り、宮参りのときの贈り物とし、昔は顔を子供に似せた犬張り子を作り、それを子供の魔除けのお守りとした。

ところで、今日見るようなお守りは呪符や護符に起源するという。それは神仏の霊が分け移されたものとされ、神職や僧職が作り、神前・仏前にささげて祈願・祈禱して頒布される風が一般化した。そのさいお守り袋に入れられ、それを腰に吊るしたり、身につけるのがふつうであるが、昔はお守りを竹の筒に入れ、両端に蓋をし、そこから紐をつけ、首にかけるものがあり、それを筒守りと呼んだ。また背守りというものがあった。お守りを背につけるもので、幼児の背にお守り袋をつけた姿は、近年までよく見られた。この背守りは、さきの呪物や呪術文様を背につけるのと同じである。

お守りにはいろいろの形式があり、今日それは実に多様である。護符を小さくしたような板に、神仏名や祈願目的を書いたもの、小さな板切れや紙に神仏名あるいは祈願目的を書いて、お守り袋に入れたもの、またお守り袋も長方形のもの、巾着形のもの、各社寺で趣向を凝らした変型のものなどさまざまである。また交通安全の祈願ではとくに、車に貼りつける特別仕様のものもある。その形式はまだまだ多様になるであろう。

古いものにも変わった形のものがある。その一つに九重《ここのえ》守りというのがある。仏教の尊像や動物などを墨摺りにしてお守りとしたもので、二～三メートルもある長い巻物にして、錦の包みに入れ、紐をつけて首にかける。図は如来や明王などを並べて描き、その像のあいだに各種の動物を小さく描いて塡めたものである。このお守りは巡礼を守護するものといい、今日も大峯山金峯《きんぶ》山《せん》寺などの修験道場や、西国三十三番札所・四国八十八ヶ所札所の寺院に見ることができる。

お守りには、身につけるものだけでなく、戸口の軒に吊るす軒守りと呼ばれるものがある。一家一同が悪疫や災難にかからないためのお守りとして、柊《ひいらぎ》の葉やニンニクを軒に吊るしておく風は、わが国に広範囲に伝わっているし、アメノウオ・タツノオトシゴ・蟹・八ツ手とニンニク・唐ガラシ・茄子・七夕の笹・イヌマキの枝などをつけるところもある。それぞれに呪物として信じたのであった。また絵馬も軒守りとして用いられた。

さいたま市岩槻区の大六天（第六天神社）は、魔王さん、つまり天狗の一種と考えられ、ここには二つの天狗が向かい合った「向かい天狗」の絵馬がある。神社で祈禱してこれを火難除け・魔除けのお守りとして授けられ、民家では軒に吊るしてお守りとする。九州大分市白木浜の天満宮から出される「鬼くすべ」という鬼の絵馬も、魔除けのお守りとして軒に吊るされる。鬼くすべというのは、太宰府天満宮で毎年一月七日に行われる追儺《ついな》祭のことであるが、この行事に似せてここに鬼くすべの絵馬が生まれ、軒守りとなったらしい。

埼玉県東松山市の鬼鎮神社でも、正月に「鬼神さま」という絵馬が出される。赤鬼・青鬼が鉄棒を握りしめて立つ図で、「鬼鎮」の焼き印が押してある。千葉県成田地方では「七つ面」の絵馬が軒守りにされている。七つ面は日蓮上人が身延山久遠寺を開いたとき、山奥に護山の神として祀った七面大明神で、この神が関東各地の日蓮宗寺院の境内に祀られたという。このような軒守りの絵馬は各地にあり、戦中・戦後一時衰微したが、静かな絵馬ブームによってふたたび活況を呈してきた。

絵馬といえば、正月にはどこの神社も破魔矢をつけた絵馬を授けるようになった。その図柄はたいていその年の干支の図であるが、なかには神社・寺院の由緒や縁起に由来する図、御利益を表象した図もある。絵馬はもともと、祈願者が奉納するものであり、本来の意味からいうと、授けられる形式はいちじるしく変形したものであるが、今日ではお守りとまったく同じ性格をもつようになっている。したがってお守りは実に多彩になってきたといえる。こうした絵馬もまた、お守りの役を果たしている。

『願懸重寶記』二編

『江戸神佛願懸重寶記』

高雄稲荷の社　頭痛の願
錐大明神　疱瘡の願
頓宮神　諸願
口中おさんの方　虫歯口中一切の願
石の婆々様　小児百日咳の願
鶏卵の守札　けがせざる守
京橋の欄檻　頭痛の願
日本橋の欄檻　百日咳の願
女夫石　夫婦中の睦まじくなる
北見村伊右衛門　蛇よけの札
目黒の滝壺　小児の月代
鐙の渉の河水　疱瘡の願

痰仏	一切の痰
痔の神	痔の願
孫杓子	疱瘡の願
幸崎陣内	瘧の願
粂の平内	諸願
日限地蔵	諸願
大木戸の鉄	脚気の願
榎坂のゑのき	歯の願
金龍山の仁王尊	疱瘡はしかの願
三途川の老婆	口中の願
南蔵院の縄地蔵	諸願
茶の樹の稲荷	眼病の願
熊谷稲荷の札	盗賊除け
王子権現の鎗	諸願
松屋橋の庚申	諸願
筑土の痣地蔵	いぼの願
子の聖神	腰より下の病

節分の守護札　難　産
堀の内の張護符　諸　願

『神社佛閣願懸重寶記』初篇一

北辰妙見菩薩　厄難病苦除立願《りゆがん》
大聖歓喜天　諸願成就立願
金毘羅権現　海上安全立願
毘沙門天　家業繁盛立願
白世根大明神　諸願成就立願
龍海寺子安地蔵　子授け立願
粟東寺観世音　厄難除立願
清正公大神祇　諸願成就立願
成正寺妙見祠　開運立願
粟嶋大明神　諸病平癒立願
妙儀大権現　歯痛平癒立願
目神八幡宮　眼病平癒立願
かしく寺　労咳平癒立願

梅田牛かけ粽　疱瘡平癒
梅田薬師　諸病平癒立願
王仁宮　諸願成就立願
岡松寺痔神　痔病平癒立願
光智院子権現　腰から下の病平癒立願
野田村榎　諸願成就立願
土佐堀疱瘡人形　疱瘡平癒立願
五牛大明神　瘡《くさ》平癒立願
常安町薬師　諸願成就立願
和霊神　開運立願
鷺大明神　疱瘡平癒立願
霊験地蔵尊　諸病平癒立願
白髪町観音堂　凍風にかからぬ立願
抹香地蔵　諸病平癒立願
幸橋地蔵尊　歯痛平癒立願
戸隠大明神　歯痛平癒立願
烏枢沙磨《うすさま》明王　痔病平癒立願

油懸地蔵	小児諸病平癒立願
三津八幡猿田彦社	疱瘡平癒立願
堺瘡神	瘡病平癒立願
千日歯神	歯痛平癒立願
千日榎	諸病平癒立願
安井稲荷	安産立願
平野町猿田彦	小児疱瘡平癒立願
御茶湯地蔵尊	小児月代嫌い平癒立願
真田山青蘇大明神	中風平癒立願
玉造口観音寺	小児諸病平癒立願
同　寺	水火盗難除立願
甑塚大明神	腰から下の病平癒立願
北山不動	諸病平癒立願
四天王寺太子堂	不妊・子授け立願
四天王寺紙子仏	婦女裁縫上達立願
同　仏	頭痛平癒立願
同妙正大明神	疱瘡平癒立願

同　石　神　旅中患難除立願
同牛の宮　足の病平癒立願
同　歯　神　歯痛平癒立願
同庚申堂　疱瘡平癒立願
同境内九頭龍権現　瘡病平癒立願
同　庚　申　頭痛平癒立願
同西大門布袋像　婦人乳授け立願
合法辻閻魔王　頭痛平癒立願
新清水地蔵尊　痔病平癒立願
広　田　社　痔病平癒立願
天下茶屋天神　子授け・安産立願
住　吉　御　湯　諸病平癒立願
同　神　馬　齘《はぎしり》平癒立願
同神宮寺五大力菩薩　渡海安全立願
同大歳社　節季売懸滞りなき事立願
同誕生石　子授け・安産立願
同あびこ観音　厄除開運立願

堺乳守宮
堀こし観音
加嶋権之頭
地蔵堂絵馬
節分の夜氏神年詣

婦人乳授け立願
積聚・諸病平癒立願
狐つき正気回復立願
疱瘡平癒立願
疱瘡平癒立願

現代『願懸重寶記』の世界

〝願懸け〟は近年ますますさかんになってきた。まさに文化・文政時代の再来かと思わせる。かつて文化十一年（一八一四）歌舞伎狂言作者の二世並木五瓶が『江戸神佛願懸重寶記』を著して、江戸における庶民の願懸けの様子を伝え、文化十三年同じく歌舞伎狂言作者の浜松歌国が『神社佛閣願懸重寶記初篇』を著して、大坂における願懸けの様相を伝えた。この書はのち文政七年（一八二四）『神佛霊験記図会』として改版され、かなり長いあいだ大坂の人びとにもてはやされた。

これらの書物は、願懸けの場所、願懸けの内容、願懸けの方法、お礼参りの仕方などが詳しく書かれていて、江戸・大坂の庶民にとっては、願懸けのガイドブック的役割をはたし、一大ブームをよんだ。それだけ庶民の願懸けがさかんであったのである。そして御利益のある神仏がクローズアップされ、流行神・流行仏が生み出され人びとの間に広まっていった。

流行神・流行仏の広まりは、現世利益をもたらすいろいろな神仏を人びとが要求し、信仰したあらわれであり、『願懸重寶記』にもその多彩さがあらわれている。そうした神仏は多くの場合本社・本寺ではなく、境内の一隅に祀られた末社や路傍の神仏であった。そして宗教界全体が現世利益的側面を主要な活動の場とするようになったのである。

松平冠山が文化十年に著した『浅草寺志』によると、浅草寺には支院と境内に祀られた百数十に及ぶ神仏の祠堂によって、浅草寺一ヶ所だけであらゆる現世利益の願いが叶えられると思わせる素朴な、しかも真摯な信仰の中心であった。境内には稲荷社がもっとも多いが、仁王・熊谷稲荷・老女弁天・淡島明神・寅薬師・三曼陀羅堂・文箱地蔵・粂平内社・婆王等々の流行神仏ともいえる神仏が多くの信者を集めたという。『願懸重寶記』では、浅草寺境内神仏について、粂平内、金龍山の仁王、三途川の老婆、熊谷稲荷の札、節分の守護札があげられている。

このなかで今日もよく知られる特異な信仰をもつのが、浅草寺山門の粂平内堂である。俗にフミツケ塚というのがあって、かつてはここに粂平内図絵馬がたくさんかけられていた。粂平内は醜男であったので、女のことで悲願千人切の願立てをし、多くの人を斬ったが、のちに懺悔して仏門に入り、死ぬ前に裃姿の自分の石像を刻み、たくさん人の通る所に埋めて末代まで踏みつけてほしいと遺言した。この「踏みつけ」が「文付け」にかわり、さらに縁結びとなり、平内は恋のとりもちの神として有名となり、良縁を得るために人びとはここに祈願して絵馬を奉納した。その図は裃姿や蝶が羽を広げたような恰好に衣装をつけた平内の図である。

大阪に例をとると、四天王寺・住吉社が『神社佛閣願懸重寶記初篇』に記された様相をもっともよく現在に伝えその信仰が脈々と生きつづけている。

四天王寺西大門の南手に祀られる「布袋和尚石像」は、乳授けに御利益があることで知られる。

布袋像はもともと乳とは無縁のものであったが、その像の胸が豊かなところから「乳のおんば（乳母）さん」とされ、乳授けの信仰が生まれ、乳のでない婦人は乳をもらいに参る。また乳のありあまる婦人は乳預けに参る。そのさい、婦人が衿をはだけて大きな椀に乳をしぼり出している図の絵馬を奉納する。

境内の万灯院に祀られる「紙子仏」は、婦人の裁縫上達と頭痛平癒に御利益がある。紙子仏には常に紙子が着せてある。裁縫上達を祈願した婦人が、満願御礼に紙子を奉納して着せるのである。頭痛平癒祈願には、堂前におかれた木臼の内側を、木槌をもって叩けば御利益があり、また毎月十日におこたりなく参るとよいとされ、いまも参詣人が絶えない。

「石神社」は道中安全に御利益があり、旅立つとき立願《りゅうがん》すれば、道中達者で足の痛みもおこらないという。

境内太子堂の外の北に祀られる「牛の宮」は、足痛平癒に御利益があり、立願して平癒すれば、お礼に土細工の牛または牛の図の絵馬を奉納する。この牛の宮はまた瘡の平癒にも御利益があるという。瘡を草になぞらえて、牛に食わせて治してもらおうというもので、牛の図の絵馬を奉納して祈願する。いまではもう瘡のできることもなくなったので、吹出物などができたとき、女性がその平癒祈願に絵馬を奉納しており、さらに病気一切や家運隆盛などさまざまな祈願がなされている。

東門の東に祀られている「歯堅大明神」は、俗に「歯神さん」といい、歯痛平癒に御利益がある。大豆を三粒煎って神前の土を掘って埋め、この豆が芽を出すまでに歯の傷みを治してくださいと祈願すると、かならずかなえられると信じられている。祈願の往き帰りの道中は、知人に逢っても決して言葉を発してはいけないという。

境内元三《がんさん》大師堂の前の「鏡の池」のなかに、「妙正大明神」が祀られていた。疱瘡を軽くしてくれる神で、母親はここに参ってお守りを授かるとよいという。

「聖徳太子堂」は懐胎に御利益があり、すでに納められている縫針を授かって帰ればかならず懐胎し、懐胎しないことを願うものは、逆に縫針二本を納めると一生懐胎しないという。

南大門の南に少し離れて「庚申堂」がある。青面《しょうめん》金剛童子を祀る。庚申の日には多くの参詣人でにぎわうが、ことに七庚申にとどこおりなく参詣すると、子供の疱瘡が軽くすむという。かつてはこの堂に、庚申の神使とされる猿の縫いぐるみや、猿の図の絵馬がたくさん奉納されていた。絵馬は「見ザル、聞かザル、言わザル」の三猿を描いたものである。庚申堂の境内には「九頭龍権現社」がある。これも瘡の平癒に御利益があり、子供を連れて、道中七種類の草を摘んで供えるとよい。そして平癒のお礼には、牛の宮と同じように牛の図の絵馬や土細工の牛を奉納する。この境内には石造の七福神も祀られている。なお、庚申の日に境内で売られる蒟蒻の田楽を食べると、どんなひどい頭痛でも治るといわれ、参詣するものはかならず立ち寄って食べるという。

住吉社も現代また異なったかたちで、今日的願望を叶えてくれる諸神が境内にたくさん祀られていて、その信仰は厚く広い。境内の東の端に祀られる「楠珺社」は俗に「初辰さん」と呼ばれ、毎月初辰の日に商売が「発達」するようにと祈願する人でにぎわう。参詣者は奇数月には左手を、偶数月には右手をあげた「招き猫」を授けられる。これを毎月欠かさず四十八ヶ月続けると、「始終発達」という幸運に恵まれるという。もしそのあいだに凶事があれば、猫を社殿の前の楠の根元に返して、また初めからやりなおすという。

境内北東に祀られる「種貸社」は、古くは稲種を授かるという農耕の神であったが、のちに子種を授かるという信仰が生まれ、子供のない夫婦が子授けを祈願し、「種貸人形」と称する土人形を授けられる。また、種貸社から授かったお金を資本に加えて商売をすれば、増殖繁栄するとの信仰も広まり、「お種銭」を授かる商人もいる。

境内の南を東西に流れる細井川をはさんで南北に、「大歳社」と「浅沢社」がある。かつては野中のひっそりしたところであったが、人びとはよく知っていて参詣人が多かったという。ともに商売の神であるが、ことに大歳社は『摂津名所図会』にも、集金の神さまとして紹介されている。

初辰さんの日には、楠珺・種貸・大歳・浅沢の四社にお参りすることをよしとし、これを「四社巡り」という。種貸社で資本を授かり、楠珺社で商売繁盛を祈り、大歳社で集金の円滑を願うという、大阪商人の現世利益信仰を如実に反映している。

第四本宮東南に祀られる「おもと社」は、縁結びの神として知られ、女性の参詣者が多く、

「おもと人形」と称する人形を求め、ひそかに相手方の袂に入れると成就するという。また蛤の図の絵馬を奉納して願をかける。貝が合わさってとじるところから、結合を意味するという。しかしいまは学校と縁を結ぶということで、入学祈願が圧倒的に多く、たくさんの入試合格祈願の絵馬が奉納されている。

有名な反橋を渡った左側の「誕生石」は、丹後の局が社頭で産気づき、神前の大石によりかかって安産したという故事から、誕生石の玉垣のなかの清浄な小石を三つ拾って帰れば安産し、お礼には自分の土地の清浄な小石を三つ拾い、合わせて誕生石のかたわらに納めるという。

第一本宮東南の「五所御前」の玉垣では、五の字が書いてある小石を探し、持ち帰って神棚に祀って願をかけ、願いごとが成就すれば、別の小石に五の字を書いて返却する。また「御歳宝大神」には霊石が祀られていて、願懸けのものがその石を持ちあげて、重さによって願いごとを占うこともあるという。

御利益	社寺・神仏名	所在地	祈願方法または内容
頭痛	七所明神	山形県新庄市宮内町	頭髪・帽子を奉納
	庚申さま	埼玉県秩父郡皆野町	おさごを供える
	親子地蔵	同前	地蔵像に帽子をかぶせる
	海蔵寺・頭痛塚	東京都品川区南品川	
	大円寺・焙烙地蔵	文京区白山	焙烙を頭に乗せる
	光明院・頭痛地蔵	大阪府堺市北区百舌鳥	
	首切り地蔵	堺区石津町	
	四天王寺・紙子仏	大阪市天王寺区	毎月十日に紙子を奉納
	和田寺・頭痛地蔵	兵庫県篠山市今田町下小野原	よだれ掛けを奉納
	ソンジョさん	奈良県奈良市秋篠町	
	持田神社	島根県松江市西持田町	
	朝日神社	愛媛県松山市神浦	七色の紙幟一対を奉納

＊この表は極力詳細を期したが、まだ集録できていないものもあることをご寛恕いただきたい。
＊本文中に詳述したもので省略したものもある。

	首立て松	今治市松本町	
	谷底さま	福岡県福津市上西郷	藁の鉢巻きを奉納
	濡れ地蔵	大分県国東市安岐町下山口	地蔵にかぶせた手拭を頭にかぶる
	西寒多神社	大分県大分市寒田	
	円台寺・薬師さん	熊本県熊本市北区植木町円台寺	薬師さんの頭部をなでる
眼病	磯潟神社	青森県三戸郡階上村道仏	蛸の絵馬を奉納
	薬師堂	岩手県九戸郡軽米町	同前
	七島観音	宮城県名取市千苅田	「め」の字の絵馬・ジュウネン（荏胡麻）を奉納
	観音さん	山形県東村山郡中山町	鏡を奉納
	日吉神社	福島県福島市下鳥渡	紅白の布製の猿を奉納
	正法寺・浄行菩薩	群馬県高崎市九蔵町	「め」の字の絵馬を奉納
	鑁阿寺・大日堂	栃木県足利市家富町	鰯の絵馬を奉納
	東福寺・薬師如来	茨城県行方市浜	田螺を断って七日参り
	薬師如来	東茨城郡城里町	甘茶で洗眼。「め」と書いた布・紙を奉納
	薬王院	水戸市吉田	「め」と書いた布・紙を奉納

同　前	桜川市真壁町椎尾	同　前
正安寺・寅薬師	守谷市	寺の御水洗池の水で洗眼
天明薬師	常陸大宮市小祝	
田螺不動尊	埼玉県幸手市	田螺を断つ
薬師さん	秩父市荒川上田野	向かい「め」の字の絵馬を奉納
薬　師　堂	秩父郡小鹿野町両神	
市ヶ谷八幡・茶の木稲荷	東京都新宿区市谷八幡町	
源覚寺・蒟蒻閻魔	文京区小石川	
篠座神社・御手洗池	福井県大野市篠座	
豆の木地蔵	越前市横市町	毎月二十三日が講
不　動　堂	北府	
不　動　尊	石川県鹿島郡中能登町井田	不動滝を浴びる
日朝さん	羽咋市滝谷町	池の清水で洗眼
小坂神社・鳴滝社	金沢市山の上町	滝の清水で洗眼
明　王　寺	加賀市大聖寺町	
菅谷不動尊	新潟県新発田市菅谷	田螺を放つ

薬師さま	山梨県南都留郡道志村	
薬師如来	北杜小淵沢町	団子を重箱に入れ、祈願
光照寺・薬師さん	甲斐市	お礼には幟と賽銭を奉納
日朝さん	西八代郡市川三郷町高田	
円明寺・日朝さん	南巨摩郡身延町西嶋	
朝善寺・日朝さん	静岡県伊東市宇佐美	日朝さんの水で洗眼
薬師さん	天竜市丹波野	「め」の字を年の数だけ書き奉納
明眼院	愛知県海部郡大治町馬島	
景清社	名古屋市熱田区神戸町	豆腐を供える
河原神社	清洲市	例祭十月十三日
加茂神社	一宮市木曾川町玉の井	「玉の井清水」に効用あり
金蔵寺・御面足社	津島市高台寺町	
地蔵寺	知多市大草	石を借り、目頭にあてる
大智院・めがね弘法	南粕谷	
目なし地蔵	三重県津市美里町	

お陰地蔵	鈴鹿市	
清水不動	津市垂木	
多度神社・一挙祠	桑名市多度町多度	
浄信寺・木之本地蔵	滋賀県長浜市	
楊谷寺・柳谷観音	京都府長岡京市奥海印寺	楊柳水で洗眼
法界寺・日野薬師	京都市伏見区醍醐日野西大道町	
滝谷不動尊	大阪府富田林市	滝に泥鰌を放つ
地蔵尊	兵庫県相生市矢野町能下	
小河観音堂	小河	
文保寺・観音堂	篠山市味間	晒布を奉納
徳円寺	当野	お籠もり・千度・香水による洗眼
塩瀬地蔵	奈良県山辺郡山添村大塩	
紫地蔵	宇陀市榛原	
壺坂寺・十一面千手観音	高市郡高取町	
小殿神社	和歌山県日高郡みなべ町晩稲	「め」の字をたくさん書いた絵馬を奉納

大神宮	東本庄	キビを供える
味噌舐め地蔵	鳥取県米子市車尾	眼開きには地蔵の口に味噌を舐めさせる
一畑薬師	島根県平田市	
鍔淵寺・蔵王権現	別所町	御柱の水で洗眼
薬師堂	太田市大田町	
梅雨神	出雲市湖陵町姉谷	卵・ジンバ（海藻）を奉納
附野薬師	山口県下関市豊北町神田	年の数だけ小さな竹筒に「め」と書いて奉納
穴観音	防府市桑山	
金神さん	広島県尾道市栗原町	
観音岩	美ノ郷町白江	
雲岩	府中市	くぼみの水で洗眼
メタボ地蔵	広島市安佐北区可部町南原	
野呂山大師堂	豊田郡川尻町	三月二十一日大祭
お薬師さま	岡山県笠岡市走出	薬師の目をさする
八幡宮・門客人	瀬戸内市邑久町	「治ったら弓と矢を奉納します」と、願をかける
不洗観音・ナゼ	倉敷市中帯江	ナゼボウズの目をさする

ボウズ（薬師）		
景清神社	英田郡西粟倉村	
道隆寺・潜徳院	香川県仲多度郡多度津町	
宮首の目薬師	徳島県那賀郡那賀町木頭折宇	湯呑み茶碗に満たした茶を奉納
薬師庵・お薬師さん	三好市東祖谷山	
生日八幡社	愛媛県松山市浄瑠璃町	
清水の地蔵さん	今治市郷	
間の地蔵さん	間	
妙見神社・眼病神	新居浜市大生院字正木	馬の日が参詣日
白椿さま	高知県高知市薊野	白椿の絵馬・鉦の緒・白椿の苗木を奉納
薫的神社	洞ヶ島町	
イチサラ	香美市香北町	
現人神社	福岡県宗像市	「め」の絵馬を奉納
高尾薬師	粕屋郡篠栗町若杉	「め」の字を年の数だけ書き奉納
お薬師さま	須恵町	
薬師堂	飯塚市忠熊	線香の煙で祈願
首切り地蔵	同前	白布を奉納

薬師さま	安恒	小豆飯を奉納
同　前	大宰府市	「め」の字を年の数だけ
月読神社	久留米市田主丸町	兎・月・波の小絵馬を奉納
黒 殿 社	福岡市鳥飼八幡社	「め」の字を年の数だけ書き奉納
春日神社	行橋市今井	手水池の水で洗眼
須佐神社	同　前	
生目神社	元永	布ぎれを奉納
音滝観音	北九州市八幡西区	同　前
滝の観音	佐賀県唐津市七山	滝壺の水で洗眼
水上不動裏の薬師	佐賀市大和町	白紙に「め」の字や形を年の数だけ書き奉納
役の行者	杵島郡大町町聖ヶ岳頂上	行者の目をさわり自分の目をさわる
志自岐神社	長崎県平戸市	
生目神社	大分県別府市南立石	「メ」「め」「目」の字一千字を書き、奉納
日霊社・生目神社	中津市北門通り	「め」の字を書き、奉納
御手洗水神	熊本県阿蘇市黒川	水神の水で洗眼
地蔵さま	本渡市志柿町	
出羽さま	宮崎県東臼杵郡北郷区	

	平景清の墓	鹿児島県曾於市大隈町柳井谷	
	平戸のフヅどん	伊佐市菱刈	
歯痛	興禅寺・白山神社	宮城県仙台市青葉区熊ヶ根	萩の箸を奉納
	白山神社	山梨県都留市	
	白山（はぐさ）	甲府市古関町	
	橋 地 蔵	福井県越前市西尾町	使っている箸を持って参る
	歯痛止め地蔵	鯖江市下野田町	真夜中の三時ごろ、炒り豆三粒を持って参る
	春日神社・歯痛治し地蔵	大野市深井	
	歯痛地蔵	小浜市	モチの木の葉をもらい、痛い歯でかむ。頬に張ったりする
	八坂神社・地蔵尊	石川県金沢市寺地町	饅頭を自分の箸とともに奉納
	祇陀寺・地蔵尊	寺町一丁目	
	本 行 寺	本多町	
	春日神社・拝師明神	白山市北安田町	
	箸神さま	珠洲市若山町経念	箸一膳を奉納

大矢の地蔵	富山県礪波市鷹栖	箸を奉納
戸隠神社	長野市戸隠	梨断ち
白山神社	静岡県伊豆市城	小楊枝を奉納
七寺・歯仏	愛知県名古屋市中区大須	羊の絵馬を奉納
白山神社	京都府京都市中京区麩屋町押小路	
お首地蔵	北区北野東紅梅町	
歯形地蔵	千本鞍馬口	
ぬりこべ地蔵	伏見区深草	竹箸を奉納
夜叉神堂	南区東寺	
寛山石	油小路東寺下ル	竹箸を奉納
おかね稲荷	大阪府堺市堺区戎之町	金気のものを奉納
地蔵尊	南区野々井	右撚り縄で地蔵の頬を縛る
宝城寺・戸隠大明神	大阪市東区平野町	三年間梨を食べないことを誓う
歯堅大明神	天王寺区四天王寺	
岡太神社、城山神社	兵庫県西宮市小松町	油揚げを奉納
薬師堂	相生市若狭野町野々	井戸水を痛い歯に塗る

六地蔵さん	篠山市大沢	トジ豆を奉納
白井神社	尼崎市穴太	鯰の絵馬を奉納
白山神社	奈良県奈良市狭川	
正源寺・歯痛神さん	吉野郡下市町	焼き餅を供え、持って帰って食べる
白山神社・菊理姫命	桜井市安部	
竜覚寺・アゴナシ地蔵	島根県松江市	
地蔵尊	鹿足郡津和野町大畠	箸を奉納
白山権現社	隠岐郡隠岐の島町長尾田	萩の枝で箸を十二本作り、奉納
白髭社	飯美	
伏見稲荷・神の岩	広島県呉市阿賀町	岩をさすり、歯の痛いところを押さえる
石神さん	広島市安佐北区安佐町飯室	
歯地蔵	豊田郡安芸津町三津	清水を口に含み、祈願
ショーシガ谷の地蔵	徳島県那賀郡那賀町木頭西宇	お札に箸十二膳を編んでかける
日の峰神社	愛媛県小松島市	蟹の絵馬を奉納

白浦の地蔵	西予市野村町小屋	治れば萩の茎ですだれを作り、奉納
鼻や四郎ヶ谷地蔵	富野川新堂	
西方寺・喚国和尚の墓	城川町	
おまん姫の墓	北宇和郡鬼北町日向谷	
歯地蔵	今治市大三島町宮浦	
塞の神	松山市長師	草鞋を奉納
同前	熊田	同前
同前	饒	同前
同前	東温市河之内	草履を奉納
同前	同前	同前
同前	松山市	同前
同前	今治市田村	同前
青木社	姫坂神社	同前
伊下神社	高知県宿毛市	萩の箸を奉納
歯神さま	室戸市吉良川町	
六部さま	高岡郡越知町柚木	
かたきり地蔵	大分県豊後高田市平野	年の数だけ楊枝をあげる
あご地蔵	長安寺	箒を奉納

薬師堂	池辺	「歯」の字を書き奉納
智恩寺・薬師如来	智恩寺	柳の楊枝を奉納
妙見神社・行者さま	国東市安岐町下山口	一本歯の下駄を奉納
白仏（しろぼとけ）	福岡県筑上郡築城町安武	小楊枝を年の数だけ奉納
通堂地蔵	寒田	同前
阿弥陀堂	飯塚市安恒	豆を年の数だけ奉納
同前	秋松	柳の楊枝を奉納
地蔵尊	朝倉郡東峰村小石原宝ヶ谷	小楊枝を奉納
同前	柳川市	同前
八天社	佐賀県伊万里市大川内町	酒を一、二合奉納
金山さん	長崎県壱岐市郷ノ浦町	赤土の団子を奉納
フカミさん	同前	木の槍・刀を奉納
歯ツツキ神	石田町	赤土の団子を奉納
栖山観音前小祠	熊本県球磨郡多良木町	青銅の鏡を奉納
円台寺・薬師さん	熊本市北区植木町円台寺	口元をなでる

	出羽さま	宮崎県東臼杵郡美郷町北郷区	
	東禅寺跡・坊主職	鹿児島県肝属郡錦江町	
耳の神	薬師堂	宮城県名取市愛島	雑器に穴をあけ、つないだものを奉納
	道陸神	山形県米沢市口田沢	
	幸　神	福島県郡山市湖南町赤津	塗り椀に穴をあけ、糸を通して奉納
	ミミットウ（耳塔）	群馬県高崎市上大類町安楽寺	
	道祖神	千葉県松戸市岩瀬	草鞋・かわらけを奉納
	ドウロク神	埼玉県秩父市吉田	
	デエロンゴ神	秩父市浦山寄国土	デエロンゴ（蝸牛）を奉納し、祈る
	真長寺・庚申さん	石川県金沢市旧上小川町	
	菅生石部神社・稲荷	加賀市大聖寺町	
	粟生少名神社	能美市粟生町	
	観音堂	富山県富山市下番	穴あき石を奉納
	白山神社・道祖神	新潟県村上市荒沢	自分の年の数だけ蟬殻を奉納
	吉祥寺・耳地蔵	山梨県甲府市古関町	右手で耳を押さえた姿で祈願する

つんぼ地蔵	上野原市西原	石に穴をあけたものを奉納
薬師さま	静岡県天竜市丹波野	石に穴をあけ、吊るす
熱田神宮摂社・松姤社	愛知県名古屋市熱田区	釘・底抜け柄杓を奉納
運得寺・つんぼ薬師	東海市荒尾町西屋敷	お札に底抜けの柄杓を奉納
性海寺・愛染堂	稲沢市大塚町	底抜けの柄杓を奉納
耳　塚	豊川市小坂井町	
多度大社・美御前神社	三重県桑名市多度町	
国分寺・薬師堂	京都府亀岡市千歳	
薬　師　堂	西別院町犬甘野	
地福寺・薬師如来	京都府京都市上京区出水通大本町下ル	穴のあいた小さな石を奉納
方広寺・耳塚	東山区大和大路正面下ル	
耳の薬師	兵庫県篠山市東木之部	穴のあいた石を奉納
稲荷神社	波賀野	
子安地蔵	奈良県吉野郡吉野町南国栖	穴のあいた石を奉納
法隆寺・峯の薬	生駒郡斑鳩町	錐を縛りつけた絵馬板・錐などを奉納

師		
神光寺・耳地蔵	和歌山県有田市星尾	耳石・草鞋を奉納
耳神社	伊都郡高野町上湯川	同　前
耳地蔵	鳥取県八頭郡八頭町市場	穴をあけた石を奉納
耳ろく地蔵	倉吉市耳	同　前
塞の神	岡山県新見市大佐小阪部	小さい丸石の穴のあいたものを奉納
キネダさま	真庭市鹿田	石に穴をあけ、紐を通し奉納
首なし地蔵	瀬戸内市牛窓町綾浦	
耳明神社	広島県尾道市因島土生町箱埼	
地蔵さま	香川県さぬき市多和	穴のあいた石を奉納
ミミゴさま	愛媛県宇和島市三間町土居中	
同　前	大洲市肱川町宇和川	穴のあいた石や五色旗を奉納
中山神社・ツン	四国中央市新宮町馬立	穴のあいた石を奉納
ボ神さま		
薬師さま	川之江市妻鳥町	かわらけに穴をあけ、糸を通して奉納
生木地蔵尊	西条市丹原町今井	かわらけを奉納
耳　塚	高知県香美市香北町猪野々	お礼に穴のあいた石や赤飯を奉納
ツンボサマ	幡多郡西部の村々	穴のあいた石を奉納
香春隠神社	福岡県田川郡香春町	金辺川の穴のあいた石を奉納
耳吹地蔵	前原市	火吹き竹を奉納

	薬師如来	福岡市東区香椎唐ノ原	火吹き竹・「め」の字を書いて奉納
	石穴稲荷	大宰府市	火吹き竹を奉納
	福智神社	宗像市宗像町	同　前
	立聞さま	朝倉市把木把木神社	同　前
	弥 勒 堂	飯塚市椿	同　前
	耳 地 蔵	久留米市大橋町合楽指出	同　前
	愛宕社（地蔵）	田主丸町	同　前
	火起こし権現	大分県豊後大野市三重町下赤嶺	同　前
	地蔵さま	清川町雨堤	火吹き竹で地蔵の耳の穴を吹く
	善 神 王	玖珠郡玖珠町平田山	火吹き竹を奉納し、自分の耳にあてる
	同　前	国東市武蔵町	穴ホギ石を奉納
	川中不動尊	豊後高田市長岩屋	同　前
	耳の神さん	熊本県球磨郡多良木町	小石に穴をあけ、糸に吊るして奉納
	地蔵さま	本渡市志柿町	
	耳ほげ地蔵	宮崎県宮崎市高岡町	
	耳の神さま	宮崎市	
胃	かげ八幡	福島県福島市大森	子供の胃病・下着を借りる
腹痛	親子地蔵	埼玉県秩父郡皆野町	地蔵に腹掛けをかける
	五皇神社	福井県越前市文室町	四月十八日の例祭に箒を持参、掃除をする

	千光寺	富山県礪波市頼成	
	日吉神社	静岡県伊豆の国市三福	八月二十八日、祭礼の旗で腹掛けを作る
	阿漕塚	三重県津市柳山	
	不動明王	兵庫県篠山市栗栖	
	興福寺・一言観音	奈良県奈良市登大路	飯盛りの絵馬を奉納
	阿曾和神社	和歌山県日高郡印南町	腹当てを奉納
	円台寺・薬師さん	熊本県熊本市北区植木町円台寺	腹部をなでる
	出羽さま	宮崎県東臼杵郡美郷町北郷区	
腰痛	腰休めの地蔵	宮城県角田市平抜	地蔵を縄で縛る
	小坂神社・富士社	石川県金沢市山の上町	早朝、素足で参り、コノシロを奉納
	観音堂	富山県富山市下番	草履を奉納
	糸瓜薬師	愛知県名古屋市東区	糸瓜を奉納
	地蔵尊	奈良県奈良市南之庄	神前の小槌を持って帰り、腰をたたく
	八釣の地蔵さん	橿原市八釣町	
	腰折れ地蔵	岡山県加賀郡吉備中央町吉川字布郡	治ると晒布を地蔵の腰に巻きつける
	同前	井原市高屋町出部	

	腰折れ地蔵	新見市哲西町大野部岩谷	
	同　前	新見市	
	同　前	大分県日田市西有田	足形・手形を奉納
痔	若狭稲荷	山形県新庄市月岡	布きれに小豆を縫いつけたものを奉納
	道祖神	千葉県松戸市上本郷	二股の茄子・大根を奉納
	長妙寺	八千代市	
	三宝寺・秋山尊	石川県金沢市卯辰山	
	熱田神宮・織部	大阪府松原市別所町	患部を火あげ石にのせ、石灯籠に祈願
	灯籠の火		
	あげ石		
	御霊神社・うず	大阪市平野区	お礼に絵馬を奉納
	まき明王		
	広田神社	浪速区	赤鱓の絵馬を奉納
	五輪さま	愛媛県西予市野村町	お礼にブリキ製の鳥居か紙または木綿の幟を奉納
	薬師さん	喜多郡内子町	蛸の絵を奉納
	東宮さん	西条市藤之石本郷	
	水神さん	伊予三島市富郷町	米を奉納
	薬師さん	同　前	松のふぐりを年の数だけ奉納
	西向き地蔵	今治市吉海町椋名	線香の灰をもらってつける

	イビラの神さま	高知県香美市香北町西川	
	エノキサマ	高岡郡四万十町口神ノ川	
	バライケサン（弁財天）	安芸郡馬路村日裏	
婦人病	淡島神社・淡島さま	山形県酒田市海向寺	穴のあいた小さな石を借り、部屋に吊る
	獅子口さま	寒河江市獅子口	小石を借り、患部にあてる
	水使神社	栃木県足利市五十部町	お礼参りに小さな腰巻・母子像の絵馬を奉納
	血方神社	小山市田間	
	河濯権現	福井県越前市高瀬町	お礼に黒髪を奉納
	阿居神社	長野県東筑摩郡筑北村坂井	
	杉崎稲荷	静岡県伊東市	
	お滝稲荷	同　前	
	東充寺・糸瓜薬師	愛知県名古屋市東区松山町	患部を糸瓜でなで、加持祈禱をうける
	蛸　薬　師	京都府京都市中京区新京極	蛸を禁食、蛸の絵馬を奉納
	宗徳寺・粟島堂	下京区岩上通不津屋橋	
	浄徳寺・淡島明	亀岡市篠	

神		
野崎観音	大阪府大東市野埼町	
こしき塚大明神	大阪市天王寺区くちなわ坂	お礼に絵馬、木綿の幟を奉納
吉田寺	奈良県生駒郡斑鳩町竜田	腰巻き・肌着を奉納
淡島神社	和歌山県和歌山市加太	雛形・櫛形を奉納
梅雨神	島根県出雲市湖陵町姉谷	卵・ジンバ（海藻）を奉納
喜多八幡宮	大田市大田町	海藻や自分の髪の毛の一部を奉納
淡島さま	愛媛県新居浜市泉川	素焼きの人形・布製の人形を献上
淡島明神	西予市野村町白髭	大願成就すれば木製の男根を奉納
塞の神	今治市吉海町仁江	
ヒジリ神	越智郡上島町生名	治れば腰巻きを奉納
青木地蔵	今治市菊間町亀岡	
日留女地蔵	高田	
大山祇神社	大三島町宮浦	治れば木製の男根を奉納
柿原霊神	日吉	
穴場地蔵	松山市石手	
淡島さま	福岡県北九州市門司区大久保	毛髪・櫛・布きれなどを奉納
同前	小倉区北足立妙見下	同前
同前	築上郡築上町上香楽	毛髪・布きれ・木製男根を奉納

	同　前	田川郡川崎町黒木	結髪道具を奉納
	血持観音	大宰府市水城	
	粟島神社	甘木市上秋月	毛髪・布きれほか雑多奉納
	淡島さま	二島	同　前
	紅梅地蔵	北九州市八幡西区藤田紅梅町	鏡を奉納
	淡島さま	嘉麻市口春	
	同　前	飯塚市枝国	櫛その他を奉納
	粟島神社	佐賀県佐賀市北川幅町	女の髪や草履を奉納
	与賀神社・淡島さん	佐賀市	
	粟島さん	大分県国東市安岐町下山口	櫛を奉納
	粟島神社	豊後高田市臼野	
	長浜神社	大分市	婦人の髪を奉納
	キノウさま	日田市	同　前
	ゴリョウさん	熊本県熊本市北区植木町五霊	男根形を奉納
	七郎社	玉名郡和水町	同　前
性病	道祖神	宮城県白石市中斉川	男根を一体借り、治ると二本にして奉納
	花園神社	福島県いわき市平下神谷	鮑貝の絵馬、鮑貝を奉納
	狩岡神社	栃木県栃木市皆川城内町	梅毒・淋病、子授けにも御利益あり

浅間神社	小山市間々田町	治ると柄杓を奉納。梅毒・虫歯にもきく
藤塚浅間神社	上生井	虫歯・疣取にもきく
笠森（瘡守）稲荷	埼玉県蕨市北町	
東向寺・駒地蔵	静岡県静岡市駿河区中村町	陰石（アナアキ石）を奉納
加佐登神社	兵庫県篠山市	藁帽子に氏名と干支を書き神前に吊る
薬師さん	広島県尾道市高須町	
笠（瘡）神さん	久保二丁目	
高杉神社	安芸高田市八千代町土師	霊泉の水を患部につける
菅生神社	香川県三豊郡山本町	鱓の絵馬を奉納
道祖神	福岡県田川郡赤村上赤	
清岳大明神	福岡県北九州市小倉南区	木製の男根を奉納
榊姫神社	八幡西区折尾犬丸	
淡島さま	福岡市博多区住吉神社	腰から下の絵馬を奉納
同前	師岡	腰から下の小絵馬・櫛を奉納
塞神	西区荒江	木製の男根を奉納
同前	博多区西月隈	同前
金勢さま	筑紫郡那珂川町中原	同前
塞神（穴観音）	大宰府市水城	同前
塞神	大野城市雑餉隈町	同前

	同　前	糸島市二丈深江鎮懐石、八幡社	小石を奉納
	同　前	嘉穂郡桂川町内山田	木製の男根を奉納
	同　前	久留米市筑邦町大善寺玉垂宮	同　前
	同　前	八女市長野	同　前
	淡島さま	筑後市水田	同　前
	道祖神社	佐賀県多久市西多久町	同　前
	同　前	伊万里市波多津町	同　前
	同　前	東松浦郡玄海町	
	同　前	武雄市山内町鳥海	
	唐人神	長崎県壱岐市郷ノ浦町	木製の男根を奉納
	佐屋ノ御前	大村市松原二ノ郷	木製の男根と草鞋を奉納
	今熊野神社	雲仙市国見町	石造の男根を奉納
	マラン神サア	鹿児島県鹿児島市磯	
手足の病気	羽黒山神社	福島県福島市信夫山	藁の大草鞋を奉納
	道祖神	千葉県松戸市岩瀬	草鞋・かわらけを奉納
	足痛なおし地蔵	福井県大野市篠座	
	石観音	三方上中郡若狭町三方	御手足堂の手形・足形を借り、患部をなでる

小坂神社・富士社	石川県金沢市山の上町	
加茂神社	富山県射水市	砂地袋で患部をなでる
同　前	魚津市加積字安田	
河内神社・仁王杉	新潟県村上市葡萄	藁製の足形・手形を奉納
服部天神	大阪府豊中市服部元町	草鞋・下駄の絵馬を奉納
白国神社	兵庫県姫路市白国	
物部神社、淡島神社	島根県大田市川合町	
稲荷神社	松江市美保関町福浦	一夜籠もりの祈願
与太郎神社	岡山県玉野市八浜町大崎	
足王さま	真庭市	
同　前	鹿田	
権平さん	香川県東かがわ市	
船戸神社	徳島県海部郡海陽町大里	「せき木」を奉納
忽那（くつな）神社	愛媛県松山市の岩子山	お礼に木太刀を奉納
延命寺・躄松	四国中央市土居町	
遍路さま	高知県香美市香我美町徳王子	

	石神さま	高岡郡四万十町地吉	草履を奉納
	石　仏	福岡県豊前市求菩提山	木槌を奉納
	お飛米さま	福岡市東区和白奈多	手足の形の板を奉納
	同　前	堅粕	同　前
	日切地蔵	馬出西堂町	同　前
	現人神社	宗像市吉武	足半・杖・足の形の板を奉納
	石坊さま	北九州市小倉北区到津遊園	
中風除け	青麻（あおそ）神社	宮城県仙台市宮城野区岩切	桑の箸をうける
	星谷寺	神奈川県座間市入谷	観音草を煎じて飲む
	三光神社	大阪府大阪市天王寺区真田山	
	久米寺	奈良県橿原市久米町	中風除けの箸をうける
	岩屋寺	愛媛県上浮穴郡久万高原町七鳥	
皮膚病	紫神社・薬師堂	宮城県仙台市若林区木ノ下	牡丹餅を供え、祈願
	鯰堂・鯰神さん	福井県福井市足羽一丁目	鯰の絵馬を奉納
	笠（瘡）稲荷	千葉県勝浦市市野郷	
	四天王寺・石神堂	大阪府大阪市天王寺区四天王寺	
	久米寺	奈良県橿原市久米町	鯰の絵馬を奉納

	薬師堂	和歌山県西牟婁郡白浜町	同前
	白峰寺	島根県雲南市	
	藤の木地蔵	江津市桜江町長谷	
	下寺・笠守社	鹿足郡津和野町原	土饅頭を持って参詣する
	白水観音	広島県広島市安佐南区安古市町	お礼に鯰の絵馬を奉納
	水主神社	香川県東かがわ市	鯰の絵馬を奉納
	皮癬さま	高知県高岡郡中土佐町大野見神母野	
	皮癬仏	香美市香北町猪野々	
	宇原神社	福岡県京都郡苅田町馬場	鯰を食べない。鯰の絵馬を奉納
	大森神社	福津市上西郷	同前
	伏見神社	筑紫郡那珂川町	同前
	妙見社	福岡市博多区千代町妙見	同前
	麻生神社	八女市星野村	同前
	高良神社	筑後市水田天満宮	同前
	七霊神社	みやま市山川町馬貝塚	同前
	阿蘇神社	梅津	同前
	地蔵尊	宮崎県宮崎市高岡町	
腫れもの	阿弥陀堂・阿弥陀仏	茨城県鉾田市中居	堂の下の土を患部に塗る

寅薬師	埼玉県さいたま市浦和区	蛸の絵馬を奉納
布袋さま	秩父市蓼沼	小石を借り、幹部をなでる
瘡神神社	福井県越前市大塩町	
野蚊神社	石川県金沢市神谷内町	社の床の下の砂を煎じて飲む
東向寺・駒地蔵	静岡県静岡市駿河区中村町	
牛頭天王社	京都府木津川市加茂町高田	お参りに鯰の絵馬を奉納
笠森神社	大阪府高槻市	
四天王寺・石神堂	大阪市天王寺区四天王寺	
石切神社	東大阪市石切町	祈禱をうけた布を患部にあてる
石観音	兵庫県三田市相野	
大売神社	篠山市	藁帽子に氏名と干支を書き神前に吊る
鴨川住吉神社・おできの神さん	河東市上鴨川	鯰の絵馬に年齢と干支を書き奉納
興福寺・一言観音	奈良県奈良市登大路町	牛の絵馬を奉納
十念寺・一言地蔵	南風呂町	お守りを受け、十三日目に川に流す
新薬師寺・瘡地蔵	高畑福井町	白紙を仏の顔に貼る

青井明神	横井町登坂	
石上神宮・瘡大神	天理市布留町	
常光寺・瘡の地蔵	吉野郡十津川村大野	七色の菓子を奉納
珊瑚寺	和歌山県和歌山市広瀬	土の馬を奉納
法然寺	海南市沖野々	柄杓を奉納
九品寺	九品寺	面塚に面を奉納
薬師さん	広島県尾道市高須町	
大蔵さま	岡山県倉敷市天城	
ダサーサマ	赤磐市下仁保	布製の小猿を奉納
オシメさま	津山市加茂町青柳	
法輪寺・日間薬師	倉敷市羽島町日間山	
飛騨神社	愛媛県西条市黒瀬	
疣		
疣稲荷	山形県新庄市中山	杉の小板の疣で自分の疣をなでる
松山寺・疣神さま	福島県いわき市勿来町四沢	わらづとに五粒の豆を入れ奉納
虚空蔵堂	下高久	布製の紅白の玉を奉納
疣神	群馬県高崎市柴崎町石神	

三日月神社	栃木県栃木市川原田町	石を借り患部をこする。倍にして奉納
ひやかし地蔵	大田原市	
高崎神社・柿の木さま	小山市桑絹町	柿の木の根元の砂を疣につける
道明寺・阿弥陀さま	茨城県勝田市勝倉	お札に大豆を奉納
万福寺・阿弥陀如来	行方市羽生	
来迎院・阿弥陀如来	常陸大田市大里町	川石を一年間奉納、その石で一週間さする
大儀寺・阿弥陀仏	鉾田市阿玉	
阿弥陀堂・阿弥陀仏	中居	堂の下の土を患部に塗布
疣取り地蔵	千葉県千葉市中央区市場町胤重寺門前	地蔵の塩を疣に塗る。お札に塩を奉納
疣八幡社	長生郡睦沢町川島	
成就院・蛸薬師	東京都目黒区下目黒	なで石をなでる
本覚寺・蟇大明神	台東区浅草松ヶ谷町	瀬戸物製の蟇を借りる

長全寺・疣取り地蔵	青梅市成木	小石でいぼをなでる
疣 地 蔵	福井県鯖江市和田町	真夜中に参り、近くの橋の下の川で疣を洗う
同 前	三方郡美浜町新庄	供えてある水を疣につける
園林寺・疣地蔵	宮代	お礼に草花・茶・団子を奉納
金沢神社・疣取り石	石川県金沢市兼六公園	
須天熊野神社・少彦名社	小松市須天町	疣池の水をつける
長楽寺・疣取り石	富山県下新川郡朝日町大家庄	
疣 池	氷見市久目	石のくぼみに溜まった水で疣を洗う
薬師地蔵	新潟県南蒲原郡田上町	地蔵の脇のコウゾの葉の汁をつける
観 音 堂	岩船郡関川村大石	願文と疣形百六個を書いて奉納
西涼寺・疣とり地蔵	山梨県都留市下谷	
石割権現	南都留郡山中湖村平野	割れ目から出る水を患部につける
宝福院・疣神さま	笛吹市八代町	石のくぼみに溜まった水をつける

石宮神社・疣石	北杜市北巨摩郡小淵沢町	同前
疣地蔵	滋賀県八日市市神田	
玉の井	大阪府茨木市磯良神社	疣を水で洗う
疣地蔵	兵庫県丹波市春日町上三井庄	祈願しながら地蔵を数回さする
山上さん	篠山市佐貫谷	猿の縫いぐるみを奉納
疣神さん	丹波市山南町和田	藁の箒を持って参る
東林寺・疣取地蔵	島根県松江市	
延命寺・地蔵尊	出雲市今市町	
木野の観音	鹿足郡津和野町	小麦の炒り粉を奉納
疣地蔵	山口県宇部市西岐波	木の鳥居を奉納
成願寺・榎ノ木地蔵	広島県尾道市因島中庄町	紙に姓名と年齢を書いて念じる
疣地蔵	広島市安佐南区安古市町	疣地蔵の松の葉で疣をつく
道祖神社	安芸郡府中町辻	
鯖大師	岡山県笠岡市神島字瀬戸	線香の灰をつける
疣神	浅口市金光町大谷	線香を持って参り、その灰をつける
同前	新見市大佐永富	手水鉢の水をつける
ミサキさま	正田	湧き水をつける。お礼に豆腐を奉納
恵比須さま	和気郡日生町大多府島	グル石を借り、朝夕疣をこする

亀石神社	岡山市東区水門町	石玉垣の中の小石を拾い、疣をこする
疣神さま	香川県東かがわ市	手水鉢の水を疣につける
疣地蔵	愛媛県西条市黒瀬	松笠を奉納
同前	松山市中島	蛸の絵を奉納
疣岩	大洲市肱川町	凹所に溜まった水を疣につける
立石	福岡県筑上郡上毛町東上	石に溜まった水をつける
疣神さま	豊前市求菩提山	手拭い・幟を奉納
同前	築上郡築上町伝法寺	城井川の穴のあいた石の水をつける
同前	京都郡みやこ町国作	小石を奉納
小夜姫さま	北九州市小倉南区徳吉	同前
疣々さん	飯塚市牛隈	同前
疣地蔵	桂川町土居	同前
明神岩	飯塚市穂波町	同前
疣地蔵	嘉麻市	同前
六地蔵	筑紫野市二日市	小石、よだれ掛けを奉納
疣神さま	朝倉郡東峰村小石原鼓	同前
大日さま	筑前町高野神社	同前
疣地蔵	久留米北野町石崎	同前
疣観音	筑後市水田平霊石	大豆を石のくぼみにいれ、溜り水をつける

	築山地蔵さん	八女市黒木町今	幕・幟・よだれ掛けを奉納
	日柱地蔵	佐賀県神埼市神埼町	豆菓子・土の団子を奉納
	疣取り観音	長崎県壱岐市郷ノ浦町	飴を供える
	疣盥さん	熊本県菊池市七城町水次	疣盥さんの水を疣につける
	疣 地 蔵	山鹿市福原	疣の数だけ大豆を炒って奉納
	疣盥さん	中廃寺地	
	イボン神さん	山鹿市菊鹿町	
	隈部城跡の巨岩	上永野	
	松尾神社下の疣神	同 前	
	疣の神さま	宮崎県都城市庄内町	
	疣除地蔵	西諸県郡高原町	
	イボン神さま	鹿児島県伊佐郡菱刈	
	同 前	南九州市頴娃町	白ナス・大豆を奉納
痣	赤身地蔵	茨城県小美玉市	
	道明寺・阿弥陀さま	勝田市勝倉	お礼に大豆を奉納
	若王子神社	埼玉県秩父市大滝	願を果たした男は砥石、女は白粉を奉納
	王鳳寺・化粧地蔵	東京都港区三田	白粉を塗りつける

	徳連寺	三重県桑名市多度町下野代	鯰と鰻の絵馬を奉納
	ホヤケ地蔵	香川県善通寺市	
しもやけ・あかぎれ	水神さま	福島県喜多方市豊川町綾金	旧暦四月八日、朝日の昇る前に参り、清水に手をつける
	荒神さん	静岡県藤枝市岡部町	カラスウリを三個奉納
	上山天王	岡山県久米郡美咲原町角塚	
疱瘡・はしか	若木神社	山形県東根市神町	赤色の護符をうける。疱瘡にきく
	薬師堂・仁王さま	新庄市山屋	仁王さまの股をくぐる
	念山寺・はしか地蔵	栃木県黒磯市寺子	
	はしか地蔵	矢板市中	
	天満宮	足利市川崎町	
	為朝神社	東京都八丈島八丈町大賀郷	
	長昌寺	神奈川県横浜市金沢区富岡町	
	疱瘡地蔵	福井県三方郡美浜町新庄	
	同前	大野市阿難祖	
	道祖神	新潟県長岡市半蔵金	神前に蓆を敷き、団子を奉納
	慈眼院・天城山	静岡県賀茂郡河津町湯ヶ野	
	疱瘡神宮		

津島神社・居森社	愛知県津島市百島	
兵主神社	兵庫県丹波市春日町黒井	
禅昌寺	神戸市須磨区禅昌寺町	
マゴシャク	香川県観音寺市大野原町	
平野神社	高知県中村市鍋島	
春宮神社	高知市土佐山桑尾	
現人神社	福岡県田川郡香春町採銅所	布製のくくり猿を奉納
大日如来	福岡市博多区竹下東光寺	疱瘡
薬師如来	大宰府市水城	般若滝の水で患部を洗う
安長寺地蔵	甘木市安長寺	
日吉神社	糟屋郡久山町猪野大神宮	
十六羅漢	宮若市	小豆を少し入れた赤飯を奉納
大日如来	嘉穂市稲築才田	
貴殿（きのどん）さま	宗像市	年の数だけ魚の絵を奉納
矢保佐神社	長崎県壱岐市郷ノ浦町	
寄八幡神社	芦辺町	
内古閑神社	熊本県鹿本郡植木町	
住吉神社	宮崎県宮崎市住吉町	

	赤水権現	鹿児島県南さつま市坊津町	
子どもの夜泣き・疳の虫・ひきつけ	夜泣き地蔵	宮城県仙台市青葉区愛子	赤い布（ハタ）を奉納
	笠石神社	栃木県大田原市	肌着・椀を借り、それを使用する
	有賀神社・有賀さま	茨城県水戸市有賀	
	大山寺	城里町	
	宗任神社	下妻市宗道	輪くぐり拝殿で呪文、墨で子供の手を染める
	香取神社・ホッポ社	岩井市弓田	
	長福寺	久慈郡大子町	
	八幡神社	つくば市桜広岡	
	湯殿神社	常陸大宮市	
	円光院・夜泣き地蔵	千葉県八千代市大和田	堂に捧げてある袈裟を借り、子供の枕の下に入れる
	みみだれ観音	埼玉県蓮田市	鶏の絵馬を奉納
	玉川大師	東京都世田谷区瀬田	
	夜泣き松	長野県塩尻市宗賀	
	笠森稲荷	静岡県静岡市清水区	首人形を借りる。お礼に二個にして奉納
	東充寺・糸瓜薬	愛知県名古屋市東区	糸瓜で患部をなで、祈禱をうける

師		
熱田神宮	熱田区新宮坂町	
河俣神社	一宮市浅井町川端	大杉、杉の葉を布団の下に置く
三宅八幡社	京都府京都市左京区上高野	お礼に鳩の絵馬を奉納
興福寺・一言観音	奈良県奈良市登大路町	鶏の絵馬を奉納
長谷寺・観音さま	桜井市初瀬	同　前
夜泣き神さん	鳥取県日野郡日南町	
日吉神社	鳥取市布施	猿の縫いぐるみを借りる。お礼に倍にして返す
黒冨さま	福岡県糟屋郡篠栗町	人形・幼児の絵馬を奉納
遍照院	同　前	くくり猿を年の数だけ奉納
弥加羅神社	北九州市八幡西区上上津役	玩具・駄菓子を奉納
守母神社	糟屋郡須恵町	人形を奉納
三宝荒神	福岡市博多区上冷泉町竜宮寺	鶏の小絵馬を奉納
鶏石さま	東区香椎宮	
黒田地蔵	博多区御供所町妙	

		楽寺	
	栗島さま	甘木市秋月	夜泣きの松の皮をはぐ
	塞神社	みやま市山川町馬見塚	楠の白ホウゼを二十取って枕の下に入れる
	堂の地蔵さま	久留米市田主丸町	野菜・果物を奉納
	石仏さま	飯塚市太郎丸	
	万四郎社	福岡市博多区大博通り	饅頭を供える
	島田天満宮	柳川市三橋町	
	水田天満宮	筑後市水田	
	泣きびす地蔵	佐賀県武雄市若木町川古	
	同前	多久市多久町	米のとぎ汁を地蔵にかける
	泣きびすさん（観音）	鹿島市山浦能古見	
	片目地蔵	宮崎県西諸県郡高原町	
	蛇尾権現	日南市北郷町	
風邪	春日神社	山形県天童市道満	境内の笹と杉の小枝をうける
	塩釜稲荷神社	栃木県宇都宮市一の沢町	白い団子を奉納
	鷲神社	茨城県結城郡八千代町沼森丘庫	
	同前		
	けいけい地蔵	水戸市渡里町	お礼に赤頭巾をかぶせる

	芝大神宮	東京都港区芝大門	御膳生姜を食べる
	しゃぶき婆さん	山梨県笛吹市八代町高家	胡麻で石を割り奉納
	しわぶき婆	南アルプス市上八田	炒り胡麻とお茶を奉納
	社吹大明神	塚原	
	ちゃの神	京都府南丹市八木町冨本観音寺	竈の灰を詰めたわらづとを三本奉納
	桶前稲荷	大阪府堺市堺区戎島	蒟蒻を奉納
	綿津見神立	福岡県北九州市小倉南区中吉田	
	よだれ地蔵	筑紫野市原田	よだれ掛けを奉納
	塞の神	久留米市筑邦町大善寺	同前
熱病	白山神社・沢山社	石川県小松市月津町	
	四社明神	富山県射水市今開発	
	源八さま	愛媛県松山市野忽那	
	六次さん	睦月	
	石風呂の地蔵	今治市喜田	よだれ掛けを奉納
	南葉一本斎の墓	五十嵐	
	釣船さま	高知県高知市山田町	鱚（キスゴ）の絵馬を奉納
	風天神社	土佐市宇佐	
	探題さま	福岡県福岡市西区姪浜	木太刀を奉納
咳	鶏権現	宮城県宮城郡松島町	鶏の絵馬を奉納

縛り不動	仙台市青葉区角五郎	本尊を縄で縛る
庭渡神社・鶏さま	福島県西白河郡西郷村羽太	麻を借り、のどに巻く
高久神社・お鷺さま	茨城県桜川市	旧暦十一月初酉が縁日
けいけい神	水戸市吉田	青竹の筒に甘酒を入れ、祈願
円光院・咳神	千葉県八千代市大和田	お礼に真竹の手桶形二つに酒を入れ奉納
広済寺・しわぶき婆	埼玉県川越市喜多町	首の部分を荒縄で縛る。治ると解く
八雲神社	和光市白子	鶏の絵馬を奉納
祐 天 寺	東京都目黒区中目黒	穴くぐりをする
石井神社・お杓子稲荷	江東区亀戸	杓子で患部をなでる
出山寺・延命地蔵尊	台東区清川	
佐奈田霊社	神奈川県小田原市片浦	鋏を奉納
大将軍神社	福井県越前市不老町	四月二十三日・十月二十三日は例祭
馬頭観音	大野市榎	炒り豆・蝋燭・線香・馬の縫いぐるみを奉納
咳 地 蔵	三方上中郡若狭町岩屋	地蔵の一部分を削り取り、粉にして飲む

咳止め地蔵	三方	お菓子などを供え、祈願
咳婆さん	山梨県甲府市千塚	「全快すれば飴を上げます」と口約束する
うば神	大月市笹子	真綿を頭巾にしてかぶせたり、襟巻きにする
お婆神さま	都留市十日市場	お茶の葉を紙に包み奉納
しわぶきさん	南巨摩郡富士川町平林	小祠のまわりの葱を食べる
お茶ずき婆さん	甲斐菖蒲沢	お茶を奉納
咳　神	静岡県伊豆市土肥	糸瓜祈禱をする
荒子観音	愛知県名古屋市中川区烏森町	水炊きの大豆を奉納
楊柳寺・救咳地蔵	三重県桑名市新屋敷	
地　蔵　尊	島根県平田市	藁一束を焚き、お茶を奉納
三穂大明神	雲南市木次町	
馬頭観音	鹿足郡津和野町	
サイノキサン	香川県仲多度郡多度津町	サイノキさんの石を持ち帰る
平若神社	愛媛県伊予郡松前町出作	木太刀を奉納
オコンパスさま	高知県吾妻郡仁淀町	土団子を奉納
土　地　蔵	宿毛市山奈町山田	草履を奉納
同　前	中村市中筋横瀬	同　前

	こずき地蔵	福岡県京都郡苅田町南原	はったい粉（炒った小麦の粉）を奉納
	同　前	北九州市小倉南区	同　前
	お塞さま	築上郡上毛町土佐井	小石を奉納
	福益坊さま	田川郡添田町英彦山	足半・鳥居・三叉鉾を奉納
	こずきの神さま	赤村油須原	豆腐を奉納
	おぶの神	大牟田市梅津家	七色菓子を奉納
	黒殿社	福岡市中央区鳥飼八幡社	年の数だけ「咳」の字を書く
	こうばし婆さん	久留米市田主丸町	こうばし（炒った小麦粉）を奉納
	天満宮・婆さん	筑後市水田天満宮	綿を奉納
	年神さま	大分県佐伯市堅田	年の数だけ火吹竹を奉納
	息　塚	宮崎県宮崎市跡江	
	田代の年の神	東臼杵郡美郷町	火をおこし竹を奉納
	年の神	日向市東郷町福瀬神社	
	山の神	宮崎市清武町船引	
刺棘抜き	刺棘抜き地蔵	茨城県稲敷市	
	同　前	取手市守山	
	同　前	稲敷郡阿見町掛馬	団子を奉納
	高岩寺・刺棘地蔵	東京都豊島区巣鴨	
	石像寺・苦抜き	京都府京都市上京区千本通上立	釘抜き・やとっこを奉納

	地蔵	売	
吃音	民部塚	愛媛県西条市西泉	草鞋・草履・鉄製の小鳥居を奉納
	川上神社	四国中央市	
蝮除け	諏訪神社	佐賀県唐津市浜玉町	砂とお札をうけて門口に吊る
	ヒラクチ神さん	熊本県熊本市北区植木町岩野	
	同前	山鹿市鹿央町	
脳病・精神病	正福寺・首塚	東京都墨田区墨田	
	妙本寺・蛇苦止明神	神奈川県鎌倉市大町	
	御首神社	岐阜県大垣市荒尾町	御神水を飲む
	首塚大明神	京都府亀岡市篠町大江山	
	真如堂・鎌倉地蔵	京都市左京区浄土寺真如堂	
	大雲寺・十一面観音	岩倉	
	脳天さん	奈良県吉野郡吉野町吉野山	
	光明院・頭痛地蔵	大阪府堺市北区百舌鳥	
	泰山寺	愛媛県今治市小泉	
安楽死	ころり観音	山形県山形市長谷堂	

	阿日寺・阿弥陀如来	奈良県香芝市	肌着を持参し、三度参拝する
	石光寺・傘堂	葛城市	柱をまわり、下着に納経印を押す
	吉田寺・阿弥陀如来	生駒郡斑鳩町	腰巻きを奉納
美容	薬師堂	山形県米沢市小野川町	
	和田神社	埼玉県さいたま市大宮区	白膚・赤膚力士の相撲絵馬を奉納
	長谷寺・十一面観音	奈良県桜井市初瀬	
縁結び	月御腰神社	山形県最上郡最上町	腰巻きを奉納
	浅草寺・粂平内堂	東京都台東区浅草	粂平内の絵馬を奉納
	江の島弁天	神奈川県藤沢市江の島	
	飯山観音・見合いの松	厚木市長谷	見合い松の下で見合いをする
	白山比咩神社	石川県白山市	
	白山神社	新潟県新潟市中央区一番堀町	
	来迎寺・鉄焼地蔵	長野県諏訪市諏訪	
	伊豆山神社	静岡県熱海市伊豆山	ナギの葉のお守りをうける

	小国神社	周智郡	
	畑中地蔵	愛知県名古屋市熱田区花町	腰巻きを奉納
	詩仙堂馬郎帰観音	京都府京都市左京区一乗寺下り松	
	地主神社祈り杉	東山区清水	
	住吉大社・おもと社	大阪府大阪市住吉区住吉	蛤の絵馬を奉納
	ライセキさん	兵庫県神戸市垂水区神出町	鮑に干支を書いて奉納
	出雲大社	島根県出雲市大社町	
	八重垣神社	松江市大庭町	鏡池で紙に硬貨をのせて占う
	長浜神社	大分県大分市	立ち雛の絵馬を奉納
夫婦和合	道祖神社	宮城県名取市愛島	
	加能神社・聖天さん	埼玉県飯能市	違い大根の絵馬を奉納
	虚空蔵	三郷市	鰻の絵馬を奉納
	待乳山聖天	東京都台東区浅草	違い大根の絵馬を奉納
	三島神社	京都府京都市下京区馬町	鰻の絵馬を奉納
	今熊野剣神社	同　前	飛魚の絵馬を奉納
	生駒聖天	奈良県生駒市門前宝山寺	違い大根の絵馬を奉納
	唐人神	長崎県壱岐市壱岐島	男根形・女陰形を奉納

子育て	宗福寺・子育て婆さん	埼玉県秩父市大畑町	年期を決めて祈願、満願に両鬢の毛を奉納
	熊谷寺・奴稲荷	熊谷市	
	薬師さん	秩父市荒川上田野	
	徳昌寺・子育て地蔵	東京都青梅市和田	
	六つ指地蔵	武蔵村山市中藤原山	
	法明寺・鬼子母神	豊島区雑司が谷	
	真源寺・鬼子母神	台東区下谷	
	子守り神社	岐阜県可児市	
	子育て地蔵	滋賀県甲賀市信楽町勅旨	
	岩神さん	水口町新城	
	延命地蔵	八日市市清水	
	岩 神 社	大津市坂本本町	
	胡宮さん	犬上郡多賀町敏満寺	
	法界寺・乳薬師	京都府京都市伏見区日野	

	椙神社	奈良県天理市椙町	
	伊舎那院	香川県三豊市財田町	
	子安弘法大師	佐賀県唐津市鎮西町	
	円応寺・名付観音	武雄市橘町	名前を授かる
	報身寺	伊万里市大川内町	生年月日、氏名を記入した札を預ける
子授け	淡島さま	青森県青森市孫内	旧暦四月十四日、神馬を奉納
	州原神社	秋田県男鹿市	砂を借り、寝所に置く
	極楽寺・子孕み観音	船川港女川	子孕み地蔵を借りて抱いて寝る
	山の神社・山の神さま	山形県尾花沢市銀山温泉	枕を借り、寝室にまつる。二つにして奉納
	竜谷院・観音堂	茨城県東茨城郡城里町	
	子種地蔵	千葉県成田市荒海	地蔵像を抱く
	みみだれ地蔵	埼玉県蓮田市	鶏の絵馬を奉納
	ひげ地蔵	東京都台東区上野不忍池	男根形の石や木片を奉納
	森戸神社・子産み石	神奈川県三浦郡葉山町森戸	石で腰をさする
	正高寺・子安観音	福井県越前市文室町	お札に乳首の縫いぐるみや人形を奉納

甚目寺	愛知県あま市	猿の像を借り、寝室に安置する
州原神社	岐阜県美濃市須原	砂を借り、寝室に置く
浄徳寺・世継観音	京都府京都市下京区富小路五条下ル	
高山寺・子授け地蔵	右京区西大路四条	
鬼子母神	左京区下鴨	ザクロの絵馬を奉納
太融寺・庚申堂	大阪府大阪市北区太融寺	桃持ち猿の絵馬を借りてきて家にまつる
大蔵寺・子授け地蔵	奈良県宇市郡大宇陀栗野	千体地蔵を借り、自宅でまつる
子安さん	室生	千個の小石を奉納
宝鏡寺・子安観音	岡山県高梁市川上町領家	
松寿寺・子授け槐	岡山市南区浜野	
子孕み神社	備前市三石	御神体の石を借り、神棚に供える
小己斐神社	広島県広島市西区井口町	
浄土寺・子安地蔵	尾道市東久保町	
淀姫神社・道祖	佐賀県佐賀市大和町	巨石の男根に婦人が肌で触れる

	神		
	道祖神	武雄市武雄町	御神体をまたぐ
	両子寺	大分県国東市安岐町	申し子祈願
安産	山の神社・山の神さま	宮城県遠田郡美里町牛飼	枕を借りうけお礼に二つにして奉納
	地蔵尊	山形県東根市羽入	岩田帯を奉納。代わりのものをもらい締める
	大宮子易神社	西置賜郡小国町大宮	大宮講の掛け軸をうける
	新田寺・呑竜上人	群馬県太田市太田	
	産泰宮	栃木県足利市板倉町	
	大神神社・室の八島明神	栃木市惣社町	鉾祭の鉾に用いた大麻を岩田帯に入れる
	東野寺・子安神社	茨城県かすみがうら市	腹帯をうける
	西野寺・胎安神社	同前	「子持ち石」をなでると孕むともいう
	羽引きの観音さま	桜川市	
	富谷稲荷	同前	

隠沢の観音さま	笠間市	
華園寺・海老地蔵	石岡市	
長福寺	久慈郡大子町	
安産不動尊	つくば市筑波町田中	剣旗・腹帯を奉納
楽法寺・雨引き観音	桜川市	観音の掛け軸をうける
手児奈堂	千葉県市川市真間	
妙顕寺・釈迦如来	埼玉県戸田市新曾	
水天宮	東京都中央区日本橋蛎殻町	
真蔵院	小金井市関野町	
東光寺	日野市	
大国魂神社・宮之咩神社	府中市宮町	絵馬を奉納。お礼に底抜けの竹の柄杓をもらう
春日神社・子安観音	福井県大野市深井	
正高さま・子安観音	越前市文室町	
豆の木地蔵	横市町	

子安観音	南条郡南越前町八飯	お手洗いの水を飲む
子安地蔵	勝山市北谷町杉山	
音無神社	静岡県伊東市久須美	底抜け柄杓を奉納
子安観音	三重県鈴鹿市白子町	腹帯を奉納
敷地神社	京都府京都市北区衣笠天神森町	
三島神社	下京区馬町	鰻の絵馬を奉納
染殿院・染殿地蔵	中京区新京極四条上ル	
雲林院・子安地蔵	北区紫野雲林院町	
中山寺・十一面観音	兵庫県宝塚市	本堂の鐘の緒に願をかける
徳井神社・篠の宮	神戸市灘区大和町	箒を借り、逆さにして腰をなでる
東興寺・生き木観音	川辺郡猪名川町	
東大寺・鬼子母神	奈良県奈良市雑司町	ザクロの絵馬を奉納
荒池の子安地蔵	高畑町荒池	
油かけ地蔵	古市町	

帯解寺・子安地蔵	帯解町今市	腹帯に妊婦の年齢、干支を書き、祈禱
法華寺	法華寺町	土細工の犬を授かる
畝傍山口神社	橿原市大谷町	虫の糞を受け、それを水で飲む
子安地蔵	吉野郡吉野町入野	七色の菓子を奉納
同前	南国栖	
聖林寺	桜井市大字下	お守りをもらう
極楽寺・観音堂	和歌山県海南市上谷	乳房形を奉納
安生寺	有田市糸我	同前
常楽寺・安子の宮	島根県出雲市湖陵町	
岩根神社	雲南市大東町山田	御礼を受け、産屋に貼る
子守社	大田市仁摩町	
観音堂	鹿足郡津和野町直地	
不洗観音	岡山県倉敷市中帯江	
イッポウサン	香川県観音寺市大野原町花稲	妊婦は本殿の下の小石をもらう
立江聖天堂	徳島県小松島市	蟹の絵馬を奉納
蛇石神社	那賀郡那賀町木頭	
木梨軽皇子の墓	愛媛県松山市姫原	
石手寺・訶梨諦	石手町	

母天		
鬼子母神さま	土居町	ミニ産着をもらい、産後に産着を奉納
三角寺・伊予の	四国中央市	杓子を奉納
関所		
高忍日光神社・	伊予郡松前町徳丸	
箒の神さま		
弁天さま	大洲長浜町	浜石を奉納
子安地蔵	南宇和郡愛南町高畑	
分身石神社	菊川	
鷹取殿	今治市朝倉	子供の着物・写真を奉納
子安観音	八幡浜市	お礼に底なし袋を奉納
同前	西予市野村町予子林	子供の着物・写真を奉納
三角寺	川之江市金田町	
青滝寺	高知県土佐市	底抜け柄杓を奉納
二見神社	福岡県京都郡犀川町花熊	赤い布の着物を奉納
鼠神社	苅田町等覚寺	
松山子安観音	みやこ町勝山黒田	布きれを奉納
壺神社	築上郡吉富町土屋	丸い小石を奉納
宇美八幡宮	糟屋郡宇美町	
子安観音	篠栗町	人形を奉納

産子女の墓	福岡市中央区材木町安国寺	
子安稲荷	福岡市東区馬出	
産宮神社	糸島市波多江	子安の梅をもらう
安長寺地蔵	甘木市	護符をもらう
玉屋権現	朝倉郡筑前町	巨石の間を流れる水を汲む
子安観音	飯塚市平恒	
観音堂	宮若市倉久	糸を奉納
吉祥寺	北九州市八幡西区香月	
三祖堂	久留米市善導寺町	
子安観音	筑後市上北島	
出水観音	佐賀県伊万里市大川内町	よだれ掛けを奉納
水晶観音	長崎県雲仙市吾妻町	
キンナラさま	福江市久賀島	キンナラさまの帯をとって自分の腹に巻く
唐人神	壱岐市	男根形・女陰形を奉納
志自岐神社	平戸市	藁箒で拝殿を内から外に掃く
子安神	五島市玉之浦町丹南	
ジョウノテン	大分県大分市賀来	願ほどきに箒を奉納
下前原の観音	熊本県玉名市岱明町下前原	

	東霧島神社	宮崎県都城市高埼町	
	子安観音	鹿児島県出水郡長島町	幟を奉納
	十一面観音菩薩	鷹巣	
乳貰い	鎌倉地蔵	山形県山形市山家町	乳房の絵馬を奉納
	乳　神	福島県伊達郡国見町貝田	紅白の布製の乳形を奉納
	乳石大明神	岩瀬郡鏡石町	甘酒をかける
	大照寺・乳イチョウ	千葉県勝浦市	
	大国魂神社・乳イチョウ	東京都府中市宮町	樹皮を煎じ、飲む
	乗　蓮　寺	神奈川県横浜市南区井戸ヶ谷上町	
	二宮神社	福井県越前市荒谷町	霊泉を飲む
	白鬚神社	南条郡南越前町合波	滝の水を飲む
	乳出し地蔵	大野市糸魚町	白米を乳房形の袋に入れて供え、清水に七日間浸し、のち粥にして食べる
	少彦名社	富山県射水市鏡宮	
	おんばさま	新潟県加茂市狭口	
	乳母嶽神社	上越市茶屋ヶ原	米を供え、それを粥にして食べる
	米山薬師	柏崎市長島	四月八日、薬師堂の仏さまに甘茶をかけ、

		そのしずくを飲む
海上寺・乳花薬師	愛知県名古屋市瑞穂区直来町	綿花で乳の形を作って奉納
乳神	三重県鈴鹿市三日市町	
薬師堂（乳薬師）	滋賀県甲賀市甲南町市原	乳房の絵馬を奉納
乳地蔵	高島市	
乳守地蔵	大津市和邇中	
乳薬師	近江八幡市長命寺町	
ちはし地蔵	安土町慈恩寺	
乳墓	米原市清滝	
四天王寺・布袋和尚	大阪府大阪市天王寺区	乳もらい絵馬を奉納
乳地蔵	堺市西区上	
野崎観音・薬師如来	大東市野崎	
薬師さん	奈良県吉野郡下市町	薬師講の日に灯明を持ち帰る
高福寺・乳薬師	野迫川村今井	
慈尊院	和歌山県伊都郡九度山町	縫いぐるみの乳形を奉納
大原神社・乳守	岡山県美作市	

さま		
軽部神社・オオツサマ	総社市清音軽部	
日限地蔵	岡山市北区表町	
乳神さま	笠岡市新賀大之平	
馬頭観音	真庭市栗原	
不洗観音	倉敷市中帯江	一月十七日、八月十七日、おっぱい供養
乳地蔵	広島県広島市安佐北区可部町中島	
乳授観音	安芸区矢野町風呂	
乳もらい観音	山口県宇部市船木	
乳の観音	福岡県豊前市横武町狭間	岩の間から流れる水をもらう
原井観音堂	築上郡上毛町原井	
観音さま	田川郡赤村地蔵木	
無量寺	北九州市八幡西区上上津役	
八剣神社	遠賀郡水巻町	境内の銀杏の皮をはぐ
乳仏石	宮若市本城	
親子洗い地蔵	飯塚市南尾	
阿弥陀堂	枝国	布製の乳首を奉納

	油山観音	福岡市城南区東油山	小絵馬・布製乳首などを奉納
	おぶの神	大牟田市東新町梅津家	特殊な神饌をもらう
	秩父観音	みやま市瀬高町本吉	小絵馬・布製乳首を奉納
	渡内観音	八女市黒木町木屋下渡内	布製の乳首、清水をもらう
	乳婦観音	筑後市西牟田寛正寺	
	鹿路峠の道祖神	佐賀県伊万里市松浦町	
	高塚地蔵	大分県日田市天瀬町	乳首形を奉納
	大将軍社	国東市安岐町西本	乳もらいの絵馬を奉納
	ウブ神さま	豊後大野市三重町内山	底抜け柄杓を奉納
	乳母が墓	熊本県菊池市隈村高野瀬	
	隈部忠直の墓	南赤仁田	
	乳神さん	球磨郡多良木村	乳房形を奉納
縁切り	門田稲荷	栃木県足利市助戸	男女背中合わせの図の絵馬を奉納
	榎神社	東京都板橋区板橋	榎をはさんで男女背中合わせの図の絵馬を奉納
	菊野大明神	京都府京都市中京区河原町二条	同前
	箸姫神社	大阪府大阪市天王寺区生玉町	

著者略歴

岩井宏實（いわい　ひろみ）
一九三二年　奈良県に生まれる。
一九五八年　立命館大学大学院文学研究科日本史学専攻修士課程修了。大阪市立博物館主任学芸員、国立歴史民俗博物館教授・民俗研究部長、帝塚山大学学長、大分県立歴史博物館長を歴任。文学博士。
〔主要著書〕
『地域社会の民俗学的研究』『曲物』『絵馬』（法政大学出版局）、『民具の博物誌』『民具の歳時記』（河出書房新社）、『環境の文化誌――地域文化の形成』『民具学の基礎』（慶友社）、『奈良大和の社会史点描』（岩田書院）ほか多数。

増補改訂　暮らしのなかの神さん仏さん

二〇一二年九月二八日　第一刷発行

著　者　岩井宏實
発　行　慶　友　社
〒一〇一－〇〇五一
東京都千代田区神田神保町二－四八
電　話〇三－三二六一－一三六一
FAX〇三－三二六一－一三六九
印刷・製本＝亜細亜印刷

© ISBN 978-4-87449-246-8　C1039